한글처럼 이해되는

영어 숙어

자연의 섭리에 따라 한글처럼 앞에서부터 이해될 수 있도록
영혼의 등불을 안내자로 진리를 벗 삼아
흑암에서 빛의 세계로 인도할 지혜의 책

저자 박성진

한글 영어 숙어를 출판하게 된 이유

기존 영어 학습 방법인 거꾸로 번역 영어는 자연의 섭리를
어긴 어거지 엉터리 학습방법으로 많은 영어 학습자들로 하여금
영어 공부를 포기하게 만드는 반인륜적인 접근법으로 이제 가짜의
방법을 버리고 진짜 학습법인 한글 영어, 즉 앞에서부터 한글처럼
순서대로 번역하는 새로운 패러다임을 선언하는 참 빛인 이
한글영어 방법에 걸 맞는 숙어를 출판하지 아니할 수 없어서
이렇게 부끄럽지만 내가 아니면 그 누구도 시도조차 아니 하였기에
감히 이 책을 출판하게 되었습니다.
이제 영어를 한글처럼 앞에서부터 번역하는 시대가 왔으므로
영어 숙어도 한글영어처럼 앞에서부터 번역하는 숙어가 되어야
하기에 이 숙어 책을 출판하오니 강호의 많은 영어 학습자들께서는
꼭 이 책 수련법으로 수련하시오 새로운 대한민국 창조에 크나큰
일익을 담당하시기를 간곡히 바라는 바입니다.
일제 시대의 잔재물인 거꾸로 해석 하는 영어공부법은 나라를
망치고 개인을 망치는 경국지악으로 치달고 있으며 이제 앞에서부터
영어 학습법이 이제부터 영원토록 대한민국의 영어 학습법이 될
것이며 거꾸로 해석하는 엉터리 해석하는 사람은 우스꽝스러운
사람이 될 것이며 선생이 될 것입니다.
이제 영어를 한글처럼 사용하는 새로 진정한 새대가 탄생할 것으로
믿어 의심치 않으오니 영어를 공부하는 모든 학습자분들은 거대한
새로운 빛의 무지개에 올라타 앉으시기를 간절히 바랍니다.

get tired of~ / get under a person's skin / get used to ~ing / give away, give a hand

give a big hand / give one's word / give rise to / give up, given

given that=considering / go ahead / go ahead and A / go for a walk

go for it / go out of business / go over / go through

go to see / be going to do / hand in / have a good ear for

have a good time / have to do / had better / hand over

hang in there / hang on / hang out / hang up

happen to do / have a head for / have nothing to do with / help yourself

Here you are / hit the road / hold on / hold out

be hooked on / hook up / a host of / How about~ing

if nothing else / be implicated in / in a hurry / in a snap

in accordance with / in addition / in addition to / in advance of

in all ages / in a matter of / in a row / in bulk

in case of / in contrast to / in due course / in excess of

be in charge of A / in comparison with / in comparison to / incorporate A into B

in detail / in essence / in fact / in hindsight

in no time / in one way or another / be interested in~ / in the absence of

in the end / be informed of~ / in front of / in memory of

in need / in no uncertain terms / in one's own right / in order to do

in other words / in particular / in place of A / in pursuit of

in relation to / in response to / in reward of / in search of

inside out / in some ways / instead of~ / interfere with A

in terms of A / in that / in the course of / in the end

in the event of = in case of / in the future / in the same way / in the past

in this light / in turn / in vain / it turns out that 주어+동사

jot down / judging from / just a minute / just as

just in case / just like / keep a diary / keep an eye on

keep A from B / keep in touch with~ / keep A in mind / keep on

keep up with / knock over / laugh at / lay about

lay out / lead to / leave out / let down

let go of / less than / less A than B / let off A

be likely to do / listen to A / little by little / little less than

little more than / look after / look down one's nose at / look for A

look forward to~ ing / look into A / look like / look out A

look over A / look to / look up / look up to

a lot of, lots of / major in / make a fortune / make a habit of A

make a mistake / make fun of / make oneself at home / make room for A

make sense / make the grade / make out / make up for

make use of / make the bed / make room for / make sense

make sure / make the most of / make up / make up one's mind

make use of A / may well / may as well / be meant to do

mess up / might as well do / more like / more than A

better than A / more A than B / my pleasure / needless to say

a number of / neither A nor B / no later than / no less than

not less than / no longer / no more than / not more than

no matter what / no matter who / no matter when / no matter where

no matter how / no more A than B / no other than, no other A than / none other than

nor / none the wiser / not A but B / not A any more

than B / not only A but also B =not just A but also B / nothing but

notify A of B / not to mention / now and forever / object to

of course / on behalf of, on one's behalf / on foot / only so much,

only so many	on one's way home	on one's own	on one's terms
on the basis that 주어+동사	on the fly	on the other hand	on the other side of A
on the phone	on the pretext of	on the same page	on time
on vacation	once upon a time	one by one	other than
otherwise	out of date	out of the blue	owing to
participate in	pass away	pass down	pay attention to A
persist in	play a role in	pick out	pick up
pig in the middle	pin down	piss off	point out
present A with B	prevent A from B	prior to	provide A with B
pull over	put away	put on	put out
put down	put off	put on	put out
put together	put up	put up with	rain or shine
raise a glass to	rather than	read over	be ready for A
be ready to do	refer to A	reflect on	refrain from
regardless of A	remind A of B	be responsible for	result in
run across	run an errand	run for A	run into
run off	run out of	run over	see off
see the light	seem like	send for	set about
set in	set out	set out for	set up
shake hands	show off	show up	sign up
so as to do	sort through	speak for itself	speaking of which
stand for	sound like	stay up	stem from
step over	so far	so to speak=as it were	speaking of which
step by step	stick up for	stumble on	be subject to
subscribe to	such 명사 that	such a 형용사 명사 that	
such as	subscribe to~	be supposed to do	
be surprised at	take after	sweat the small stuff	take a measure
take a measure of	take A around B	take care	take into account
take it easy	take it for granted that 주어+동사	take on	take one's time
take out	take over	take part in	take place
take time off	take up	tap into	tear down
thanks to	there is no~ing	there you go	these days
the day after tomorrow	the day before yesterday	thrive on	thumb through
to be honest	to the end that 주어+동사	too ~to...	toss and turn
turn in	put together	to some degree	turn A into B
turn down	turn in	turn off	turn on
turn out	turn to	upside down	be used up
vice versa	wait for A	What's the matter with you?	wash over
wait on	what about	when it comes to A	with respect to
be willing to do	be worth 명사	be worthy of	with regard to
without reference to A	work out		

숙어에서 to가 나오면 to뒤에 동사 원형이 오는지 아니면
명사가 오는 지 헷갈릴 수가 있다. 이것을 방지하기 위해
to뒤에 명사가 오는 경우는 to A 또는 to~ing 라고 표현했음을
밝힌다.

be able to do
☞할 수 있다 할 것은 do이다
I **am able to speak** English.
(나는 할 수 있는데 할 것은 말하는 것이다 영어를)
to 부정사를 "~할 것은"으로 번역한다.
be absent from A
☞부재중이다 출처는A다
absent는 부재중이란 뜻인데 출처는 A란 뜻이다.
She **is absent from** work today.
(그녀는 부재중이다 그 출처는 회사 오늘)
be about to do
☞막 하려고 하는 것은 to do다=be on the blink of ~ing
She **is about to go** to school.
(그녀가 막하려고 하는 것은 가는 것이다 도착지는 학교다)
about는 "거의"라는 뜻이고 to do는 "할 것은"이다.
이 두 가지 뜻이 포함되어 있다.
abide by
☞지켜야 할 것은
We have to **abide by** the rules.(우리는 해야만 한다 지켜야 할
것은 그 규칙들) 앞에서부터 해석 시 동사의 시제에 따라 한글의
어미도 바뀐다. 과거시제이면 "지켰던 것은"으로 번역한다.

according to

☞(말하고자 하는 바의)출처는

According to Tom, it's a great movie.(말하고자 하는 바의 출처는 탐인데, 그것은 굉장한 영화래)

☞따른 기준은(과거시제), 따르는 기준은, 따라야 하는 기준은

Everything went according to plan.(모든 것이 되어 갔다 따른 기준은 계획이다)

account for

☞설명하는 것은, 차지하는 것은

They account for about 40percent of the trash in our nation. (그것들이 차지하고 있는 것은 약40%의 쓰레기이고 그 쓰레기가 있는 장소는 우리나라)

I will account for the incident.(내가 설명할 것은 그 사건이다)

accuse A of B

☞고소하다(비난하다) A를 관련된 것은 B다

of는 "관련된 것은"으로 번역하는데 전체적으로 관련될 때 of를 사용한다.

He accused me of being a fraud.

(그는 고소했다 나를 관련된 것은 내가 사기꾼이라는 것이다)

준동사 being의 주어와 문장의 주어가 같기 때문에 being의 주어를 생략했다. ~ing의 주어는 소유격 또는 목적격으로 표시하는데 ~ing의 주어이므로 번역 시 주어로 번역한다.

원래의 문장은 He accused me of his being a fraud.이고 his being a fraud의 번역은 "그가 상태이다 사기꾼"으로 번역한다.

add to

☞**추가적으로 증가시키다**

I don't want to **add to** her stress.

(나는 원하지 않는다 할 일은 추가적으로 증가시키는 것이다

그녀의 스트레스를) 그녀에게 스트레스가 이미 있는데 그 스트레스

를 더 증가시키는 것을 말한다.

(참고)add A to B: A를 B에 더하다 ➡A를 B에 최초로 더하는 것

이다.

add up to

☞**합계결과~이다**

The figures **add up to** 150.(그 수치는 합계결과 150)

to는 결과를 나타낸다.

after a while

☞**잠시 후에**

She came **after a while**.(그녀는 왔다 잠시 후에)

adjust to ~ing

☞**적응하는 것은**

 adjust는 "적응하다"의 뜻이고 to는 "기준은"의 뜻으로

적응하는데 그 기준은 to라는 것이다

It took her two years to adjust to helping poor people.

(그것은 가져갔다 그녀에게 2년을 그것이란 적응하는 것인데

그 적응하는 기준은 돕는 것 불쌍한 사람들을)

against a background of

☞**배경은**

Take a photo of her **against a background of** the river

(사진을 찍다 그녀를 배경은 그 강)

agree with

☞동의하는 것은

I *agree with* you completely.(내가 동의하는 것은 너다 완전히)

agree to do, agree to A

☞합의하는 것은

We **agreed to** wait till next month.

(우리가 합의한 것은 기다리는 것이 언제까지 다음 달 까지)

agree가 "동의하다" 인데 그 동의의 도착지가 to라는 것이다.

all at once

☞한꺼번에

Don't spend it **all at once**.(쓰지 마라 그것을 한꺼번에)

all over the world

☞전 세계에

all the time

☞항상, 늘

all the time은 과거부터 지금까지 항상 쭈~욱을 나타낸다.

He has been here **all the time**.(그는 이전부터 있었다 항상)

all the way

☞완전히, 온힘을 다하여, (시종일관)내내,

She is fighting the teacher **all the way**.

(그녀는 싸우고 있는 중이다 그 선생과 온 힘을 다하여)

목적어 번역 시 "~와/과"로 번역될 수 있다.

fight다음에 바로 목적어가 왔다.

I like driving **all the way** with the window down.

(난 좋아한다 운전하는 것을 내내 동시 상황은 창문이 내려진 채로)

down은 수동자동사이고 with는 동시상황을 나타낸다.

allude to

☞언급하다, 암시하다

I know her failure ; do not ever **allude to** it.

(난 알고 있다 그녀의 실패를; 그래서 하지 않는다 평생토록
언급하는 것을 그것을)

넌지시 암시하면서 언급하는 것을 말한다.

an amount of

☞**많은 양의, 어느 정도 양의, 어떤 양의**

an amount of +물질명사, 추상명사

amount가 양을 나타내므로 당연히 뒤에 물질명사나 추상명사가
와야 한다. an amount of는 형용사로 뒤의 명사가 동사의 수를
결정한다.

 (1)많은 양의(양을 정할 수 없는)

　There is **an amount of** cereal in the warehouse.

(거기에는 있다 상당한 양의 곡물 그 내부적인 위치는 창고이다)

부정관사 an은 "정할 수 없는"의 뜻이므로 그 양을 정확히
알 수 없을 정도이므로 "많은 양의"란 뜻이 나온다.

an amount of가 형용사이고 꾸밈을 받는 명사가 물질명사이므로
단수동사를 사용해야 한다.

 (2)어느 정도의 양

 lay **an amount of** money[one's life]

 걸다(놓다) 어느 정도 양의 돈을

　(3)어떤 양

　an amount of에서 an amount앞에 an이 있으므로 amount를
하나의 단위로 인식하고 있다. 따라서 번역 상 "어떤 양"으로
할 수 있다.

　A fine is **an amount of** money .(어떤 벌금이란 어떤 양의 돈이

다)

이 문장을 "어떤 벌금은 많은 돈이다" 이렇게 번역하면 안 된다.

an array of

☞많은

Here is **an array of** books.(여기에 있다 많은 책들이)

an array of+복수보통명사인데 특이하게도 an array of는
단수 취급한다.

an element of

☞약간의

There is **an element of** risk.(거기에는 있다 약간의 위험이)

and so on

☞기타 등등

I have many fruits: an apple, an watermelon, **and so on**.
(난 가지고 있다 많은 과일들을 즉, 사과, 수박, 기타 등등)

answer for~

☞책임져야 할 것은

You have to **answer for** your actions.
(네가 해야 할 것은 책임지는 것은 너의 행동들이다)

have to do는 해야만 하는 것은" 으로 번역한다.

be anxious to do

☞갈망하는 것은 to do이다

You **are anxious to** know.(당신이 갈망하는 것은 아는 것이다)

be anxious for A

☞갈망하는 것은 A이다

Viewers **are anxious for** your help.
(시청자들이 갈망하고 있는 것은 너의 도움이다)

be anxious to do는 동사를 갈망하는 것이고

be anxious for N는 명사를 갈망하는 것이다.

apply from

☞제외한 것은

 She has finished **apart from** the first question.

(그녀는 앞서서 끝냈다 제외한 것은 첫 번째 문제)

apply for

☞신청하다

You can **apply for** permanent residency

after two years' residency.

(너는 신청할 수 있다 영주권을 먼저 있어야 할 것은 2년간의

거주이다)

apply에서 ply는 얇은 종이나 판등을 의미한다. 얇은 책상위에

무엇인가를 갖다 대다의 느낌이다.

서류를 접수원의 책상에 갖다 대는 것이므로 "신청하다"의 뜻이

된다.

apply to

☞적용되다, 지원하다, 문의하다

apply to는 수동의 뜻으로도 능동의 뜻으로도 쓰인다.

This does not **apply to** beginners.

(이것은 적용되지 않는다 초보자들에게)

 "무엇인가를 갖다 대다"에서 추상적인 개념을 갖다 댈 수도 있다.

to는 기준과 도착을 나타내는데 이 말은 극히 to로 제한한다는

뜻이므로 이 문장에서는 초보자들에게만 극히 제한적으로

적용된다는 뜻이다.

Apply to the university.(지원해라 그 대학에)

apply for the university가 아니고 apply to가 된 이유는
to가 극히 대상을 제한하고 있기 때문인데 신청은 사실 가벼운
느낌이고 to는 무거운 느낌으로 신청은 누구나 하는 것이지만
지원은 일정 자격이 있는 사람만이 할 수 있기 때문에 apply to는
신청하다가 아니고 "지원하다"의 뜻이 된다.
For particulars **apply to** Mr. Park.(상세한 것에 대해 문의하시오
박씨에게) 궁금한 내용이 적인 문서를 박씨에게 갖다 대라는
뜻으로 "문의하다"란 뜻이 된다.

as A as B
☞ 아주 비슷하게 누구만큼
"아주 비슷하게 무엇만큼 "으로 번역한다.
He is **as honest as** Tom.
(그는 상태이다 아주 비슷하게 정직한데 누구만큼 탐만큼)
He can run **as fast as** you can.
(그는 달릴 수 있다 아주 비슷하게 빠르게 누구만큼 너만큼)

ascribe A to B
☞탓하다 A를 (그 결과의)소속은 B
ascribe는 결과를 "~의 탓으로 돌리다"이고 to는 "소속"을
나타낸다. 여기서 "탓하다"는 일종의 생각하다의 뜻이다.
She **ascribed** the success **to** luck.
(그녀는 탓했다 그 성공을 그 성공의 소속은 운)

as far as 주어＋동사

☞할 수 있는 범위 내에서 ~ 한다면

As far as I can tell, she's enjoying the course.
(할 수 있는 범위 내에서 내가 말할 수 있다면, 그녀는
즐기고 있는 중이다 그 과정을)

He lived in Seoul, as far as I can remember.
(그는 살았다 그 내부적인 위치는 서울, 할 수 있는 범위 내에서
내가 기억할 수 있다면)

as far as it goes

☞어느 정도 까지는

I think he is innocent as far as it goes.
(나는 생각 한다 그가 무죄라고 어느 정도 까지는)

as a matter of fact

☞실제로는

As a matter of fact, he is not a student.

as for A

☞한정하는 것이 A라면

As for prices, meals ranged from a modest ₩20,000 for steak
to ₩40,000 for lobster.
(여러 가지가 있는 것 중에서) 한정하는 것이 가격들이라면
(식사류는 범위가 출발점은 상당히 저렴한 이만원 그 가격은
스테이크 무엇에까지 사만원 그 가격은 랍스터)

as for는 for와 뜻이 비슷한데 for는 입장, 경우

as good as

☞사실상

as good as는 형용사, 부사가 다 될 수 있다.

He is as good as dead. (그는 사실상 죽은 것이다)

Your guess is as good as mine.
(너의 추측은 사실상 나의 것이다)

as if

☞마치 ~처럼

She speaks English **as if** she was an American.(그녀는 말한다 영어를 마치 그녀가 미국인 것처럼) 영어를 미국인처럼 잘 한다는 뜻임.

She speaks English **as if** she were an American.(그녀는 말한다 영어를 마치 그녀가 미국인이었음하는 것처럼) 영어를 미국인처럼 잘 하는지 못하는지는 알 수 없지만 어쨌든 태도나 억양등 미국인처럼 말 할려고 노력한다는 것.

as it is

☞현 상황에서, 있는 그대로

The meeting will be held by tomorrow; **as it is,**
it is impossible.
(그 회의가 열릴 것입니다 그 즈음은 내일, 하지만 현 상황에서 그것은 불가능합니다)

as it were

☞말하자면

He is, **as it were,** a bookworm.(그는 말하자면 책벌레다) 원래는 as it was이나 일부러 문법적으로 틀리게 써서 현재시제임을 나타낸다. as it were는 현재 시제에 사용한다.

as many as

☞아주 비슷하게 많은

There are **as many as 100 dogs** on the street.(거기에는 있다
아주 비슷하게 많은 무엇만큼 100마리의 개들이 그 위치는 거리)
on에는 "표면의 접촉위로"란 뜻이다.

You can take **as many as** you want.(당신은 가질 수 있다
아주 비슷하게 많은 것을 무엇만큼 당신이 원하는 만큼)

as much as

☞아주 비슷하게 많은

He spent **as much as** 300,000 won on clothes.(그는 소비했다
아주 비슷하게 많은 것을 무엇만큼 300,000원만큼을 집중한 것은
옷들) on은 "집중한 것은"으로 번역한다.

You eat **as much as** I do.(너는 먹는다 아주 비슷하게 누구만큼
내가 먹는 만큼)

as much A as B

☞아주 비슷하게 많은 A를 누구만큼 B만큼

as much Calcium **as** an 8oz glass of milk
(아주 비슷하게 많은 칼슘 무엇만큼 8온스컵의 우유만큼)

as of 시간

☞현재 시간 상황으로, 현재 시간부터, 현재 시간까지

as of는 과거, 현재, 미래를 다 표현한다.

As of now, two boys have died.(지금까지, 2명의 소년이 죽었다)

As of July 2018, it will start.(현재 시간 7월 2018년부터
그것이 시작될 것이다)

As of 7:00 PM, the mountain is going to crash.
(현재 시간 7시 오후부터, 그 산이 일어날 것이다 앞으로 일어나는
일은 무너지는 것)

as of yet

☞아직까지, 현재로서는

My friend hasn't made up his mind **as of yet.**

(나의 친구는 하지 않았다 결정을 아직까지)

as soon as

☞방금 전의 일은

He called his father **as soon as** he got home from school.

(그는 불렀다 아버지를 방금 전의 일은 그가 돌아왔다 집에 출발점

은 학교이다)

As soon as the rain started, we ran for the bus stop.

(방금 전의 일은 비가 오기 시작하는 것이어서, 우리는 달렸다

방향은 버스 정거장이다)

as long as

☞지속되는 기간은

 I'll remember you **as long as** I live.(나는 기억할 것이다 너를

지속되는 기간은 내가 살아있는 동안이다)

☞전제 조건은

on the condition that 주어+동사 ➡on이 있으므로 전제 조건에 따

라 달라진다는 뜻으로 if와는 차이가 있다. if는 전제조건에 따라 달

라지는 것이 아니라 그냥 전제조건만 있을 뿐이다.

I'll help you **as long as** you buy a pizza.(나는 도울 것이다 너를

전제조건은 네가 사는 것이다 피자를) 피자를 가져오면 너를 도와준

다는 뜻으로 if로 바꿔 쓰면 안 된다.

as usual

☞늘 그렇듯이, 평상시처럼

ask for

☞요청하는 것은, 청구하는 것은

She **asked for** a coffee.(그녀가 요청했던 것은 한 잔의 커피다)

물질명사(coffee)에 부정관사(a/an)가 붙으면 하나 둘 셀 수 있는 보통명사가 된다.

aside from

☞포함되어 있지만 제외하는 것은

Aside from the cost, there are many advantages to live in the city.

(포함되어 있지만 제외하는 것은, 거기에는 많은 장점들이 있다 그 많은 장점들이란 사는 것이다 내부적인 위치는 그 도시)

except for는 "제외하는 것은" 으로 번역되는데 이 경우는 포함하지 않고 제외하는 것을 말하지만 aside from은 포함되어 있지만 제외하는 것의 개념이다.

ask A for B

☞요청한다 A에게 그 목적하는 바는 B다

요청하는데 그 요청하는 목적이 있을 것이므로 for를 "그 목적하는 바는" 으로 번역한다.

I forgot to **ask** him **for** his address.(내가 잊어버렸다 할 일은 요청하는 것이다 그에게 그 목적하는 바는 그의 주소다)

associate A with B

☞연관시키다 A를 관련있는 것은 B

associate=as(더하다)+soc(결합)+ate(강제로 시키다)

as=ad로서 "더하다" 의 뜻인데 이 세 가지의 뜻이 합하여 강제로 결합시키다의 뜻이므로 연관시키다의 뜻이 된다.

더해서 강제로 결합시킬 때는 긍정적인 뉘앙스이다.

I often **associate** baking smell **with** my childhood.

(나는 종종 연관시킨다 빵굽는 냄새를 관련있는 것은 나의
어린 시절)

May I **associate** myself **with** your remarks?

(제가 연관시켜도 됩니까? 제 자신을 관련있는 것은 당신의 언급)

연관시킨다는 것은 찬성한다는 뜻이다.

associated with A

☞**관련있는 것은 A, 연관되어 있는 것은**

I was **associated with** him in a large law firm.

(내가 관련 있는 것은 그인데 그 내부위치는 어떤 큰 법률회사이다)

그와 관련 있다는 것은 그와 함께 일한다는 뜻이다. associate는
긍정적으로 관련 있는 것을 말한다.

Smoking is **associated with** lung cancer.

(흡연은 연관되어 있다 연관되어 있는 것은 폐암)

The ox is **associated with** honesty.

(그 소가 연관되어 있는 것은 정직이다)

as such

☞**동시에 그것으로서**

Kathmandu is now the capital of Nepal and, **as such**, the
center of its government,

economy.(카트만두는 상태이다 지금 수도인 네팔이며 동시에
수도로서, 중심인데 그 소속위치는 네팔의 정부, 경제이다)

as to A

☞**관련된 것은 A**

A new theory **as to** why human ancestors started to walk on
two feet has emerged over the last few weeks.

(Junior Edu times)
 걷게 되었는지에 대한 것이었는데 이 새로운 이론이 제기 되었다.
to는 기준이고 이 기준에 속해야 한다.
the key to the door(이 키가 속해 있는 것은 이 문이다)
거꾸로 번역해보면 "이 문의 키"가 된다.
the key of the door(이 키가 속해 있는 것은 이 문이다)
거꾸로 번역해보면 "이 문의 키"가 된다.
차이점은 of는 떼려야 뗄 수 없는 관계이므로 문에 달려있는 키라는
뜻이고 to는 소속은 소속이지만 뗄 수 있는 소속이므로
분리되는 키를 말한다.
 as to의 as는 동시상황을 나타내고 to는 소속을 나타내는데
앞 문장과 뒷 문장이 동시 상황인데 to는 객관적인 소속을 나타낸다.
for가 입장, 경우로서 주관적이고 그 범위가 한정적이라면
to는 범위가 넓고 객관적이다.
as to가 가장 적합한 소속이라는 뜻이 되는데 소속이라는 관계를
나타낸다. 가장 적합한 관계를 나타낸다.
이 문장에서 새로운 이론은 인간 조상의 두 발 보행에 가장 적합한
관련 이론이라는 뜻으로 쓰인 것임을 이해해야 한다.
☞따라야 하는 것은 A
Sort them **as to** size and color.(분류해라 그것들을 따라야 하는
것은 크기와 색깔이다) 크기와 색깔에 가장 적합하게 분류해야
하므로 따라야 하는 것은" 으로 번역한다.
according to도 따라야 하는 것은" 으로 번역되는데 as to와
같은 이유이다.

as well

☞또한

We might **as well** give it to her.

(우리는 할런지도 모른다 또한 주는 것을 그것을 누구에게 그녀에게)

as well이 동사 give앞에 쓰였으므로 부사가 된다.

as well as B

☞또한 무엇만큼 B

as well의 번역이 "또한, 역시" 이다.

He eats rice **as well as** noodle.(그는 먹는다 밥을 또한 무엇만큼 국수만큼)

(비교) not only A but also B "일반적인 것은 A이지만 또한 포함하는 것은 B다" He eats not only rice but also noodle.(그는 먹는다 일반적으로는 밥이지만 또한 포함하는 것은 국수다) not only에서 "only가 아니다" 란 뜻은 "일반적으로는" 이란 뜻이고 but also는 "그렇지만 또한 "이란 뜻은 " ~지만 또한 포함하는 것은"이란 뜻이다. They as well as I are smart.(그들 또한 메인은 난데 그들은

스마트하다)주어와 동사의 일치는 번역이 끝나는 주어에 맞춘다.

Animals **as well as** humans engage in play activities.

(동물들 또한 누구만큼 인간만큼 관여한다. 그 범위는 놀이

행동들이다.) in을 " 그 범위는"으로 번역한다.

Western **as well as** Eastern dishes are good for health.

(서양 음식 또한 무엇만큼 동양음식만큼 좋다 적용은 건강에)

as you know

☞알다시피

as a matter of fact

☞사실

As a matter of fact, she's a liar.(사실, 그녀는 거짓말쟁이)

 at a distance

☞멀리서

at all costs

☞무슨 수를 써서라도

Victory at all costs(승리하라 무슨 수를 써서라도)

at any cost

☞반드시

Victory at any cost(승리하라 반드시)

어떤 비용을 치루더라도의 뜻이므로 "반드시"가 된다.

at best

☞기껏해야

It's a popularity contest at best.(그것은 인기 컨테스트야 기껏 해야)

at first

☞처음에는 , 최초에

I didn't like the job at first.(난 좋아하지 않았다 그 일을 처음에는)

at first sight

☞첫눈에, 얼핏 보기에

It was love at first sight.(그것은 상태였다 사랑 첫눈에)

at last

☞마침내

They got there at last.(그들은 도착했다 거기에 마침내)

at least

☞**최소한, 적어도**

At least, my daughter is still alive.

(최소한, 내 딸은 상태이다 여전히 살아있는)

at odds

☞**서로 다투는**

I am often at odds with my wife over politics.

(나는 종종 서로 다툰다 함께하는 대상은 나의 부인

관련된 것은 정치문제들)

with가 함께하다는 뜻인데 함께하면 친한 경우도 있지만

적대적인 경우도 발생한다. 따라서 함께한다고 해서 무조건

좋은 관계라고 생각하면 안 된다.

at one's earliest convenience

☞**그 상태는 가장 빨리 형편 닿는 대로**

Please call me at your earliest convenience.

(제발 전화해주세요 나에게 그 상태는 가장 빨리 형편 닿는대로)

at one's disposal

☞**그 상태는 그가 처분하는 것(마음대로)**

She will be at your disposal during your stay in Seoul.

(그녀는 존재할 것이다 그녀의 존재 상태는 당신이 처분하는

것이다 그 계속되는 기간은 당신이 머무는 것 그 들어가 있는

내부적인 위치는 서울)

at once

☞**즉시**

Come here at once!(와라 이곳에 즉시)

☞**동시에, 한꺼번에**

Everyone began talking at once.

(모든 사람들이 시작했다 말하는 것을 동시에)

A computer can perform many tasks **at once.**

(컴퓨터는 수행할 수 있다 많은 업무를 한꺼번에)

attend to

☞돌보는 것은, 집중하는 것은

attend에서 at는 방향을 나타내고 tend는 "돌보다" 의 뜻인데 돌보는 쪽으로 관심이 있다는 뜻에 도착을 나타내는 to가 있으므로 돌보는 방향의 도착한 곳이라는 이미지가 된다. 어떠한 것에 돌보는 곳이 도착하게 되면 당연히 "집중하다" 의 뜻이 나온다.

The nurses tried to **attend to** the worst injured soldiers.

(그 간호사들은 노력했다 돌보는 것을 가장 심하게 부상당한 군인들을)

If you don't **attend to** something, you can't be aware of it.

(만약 당신이 집중하지 않는다면 무엇인가에, 당신은 알 수가 없다 그것을)

at stake

☞위태로운, 명운이 달린

Her honor is **at stake.**(그녀의 명예가 상태이다 위태로운)
 stake가 말뚝 화형대를 말하는데 이 화형대의 꼭대기 점에 있다는 표현이다.

at the expense of

☞희생한 것은

She built up the business **at the expense of** her health.

(그녀는 일구었다 그 사업을 희생한 것은 그녀의 건강)

up은 아래에서부터 위로 차근차근 쌓아올라가는 느낌이 있다. 세우는데 아래에서부터 차근차근 세워 올라가므로 일군다" 는 뜻이 된다.

at the latest

☞(아무리)늦어도

Applications should be in by next Monday **at the latest**.
(신청서는 당연히 있어야 한다 그 때는 근처 다음 월요일 늦어도)

at the mercy of A

☞처분권자는 A다

Your grades lies **at the mercy of** the professor.
(너의 성적은 놓여있다 처분권자는 교수님이다)

We were **at the mercy of** the weather.
(우리는 상태였다 처분권자는 날씨다)

at the outset of

☞시작점은

This happens **at the outset of** morning.
(이것은 발생 한다 시작점은 아침이다)

at the present

☞현재는

at the rate of

☞비율은

The World population is increasing **at the rate of** about eighty million a year.
(우리가 알고 있는 세계 인구는 증가하고 있는 중이다 비율은 약8백만명 일 년에) about eighty million a year는 전치사of의 목적어가 된다. 이중 전치사구라고 한다.

at the same time

☞동시에

In fact, it would happen **at the same time.**

(사실상, 그것이 불규칙적으로 일어나곤 했다 동시에)

would는 과거의 불규칙적 습관을 나타내는데 번역은 "불규칙적으로 ~하고 했다)로 번역한다.

back and forth

☞왔다 갔다, 앞, 뒤로

 the boats sailing **back and forth** between the islands

(이 배들은 운행 한다 왔다 갔다하는 양쪽에 있는 것은 그 섬들)

The chair is rocking **back and forth.**

(그 의자는 흔들리고 있다 앞,뒤로)

back off

☞뒤로 물러나다

Back off.(뒤로 물러나라)

be based on A

☞근거로 하는 것은 A다

Science should **be based on** truth.(과학이 근거로 하는 것은 진실 이다)

on은 표면접촉을 뜻하는데 A on B에서 A가 B위에 접촉해서 위에 있다면 A는 B에 의지해서 있는 것으로 B가 A의 근거가 된다.

bare one's heart

☞드러내다 마음을

I **bared my heart** to her.

(나는 드러내었다 나의 마음을 누구에게 그녀에게)

to는 "누구에게" 로 번역한다.

be the case

☞사실이다

For now, it seems to **be the case.**

(지금으로선, 그것이 보여 진다 사실인 것으로)

seem은 주관적으로 보이는 것을 말한다.

be up for

☞기꺼이 참여하려고 하는 것은~

I will **be up for** the election for the chairman.

(내가 기꺼이 참여하려고 하는 것은 그 선거 이 선거에 적합한 것은 그 회장직) up은 "서있다" 이고 for는 자신이 원하는 방향을 나타내는데 이 둘의 뜻은 결국 자신이 원하는 방향으로 서있다는 의미이므로 "기꺼이 참여하려고 하는 것은" 의 번역이 된다.

bear in mind

☞명심할 것은

Bear in mind that you have to work tonight.

(명심해라 네가 해야만 하는 것은 일하는 것이다 오늘 밤)

bear in mind는 하나의 타동사로 사용한다. 따라서 목적어절을 가질 수 있다.

before long

☞곧

He will come back **before long.** (그는 올 것이다 곧)

belong to ~

☞속하는 것은 ~

Does this **belong to** anybody?(이것이 속하는 것은 누구 것이죠?)

The money **belongs to** you.(그 돈이 속하는 것은 당신이야)

below zero degree

☞영하의 날씨에

It is **below zero degree** inside the house.
(지금 영하이다 내부적인 위치는 그 집)
It will be 3 degrees below zero tomorrow.
(날씨가 될 것이다 3도 영하로 내일)

bend over

☞허리를 구부리다

Bend over and pick up the pen.

blame A for B

☞비난하다 A를 그 이유는 B다

I **blame** my friend **for** our bad camping trip.
(나는 비난한다 내 친구를 그 이유는 우리가 망친 캠핑여행이다)
for는 주관적인 이유를 나타낼 때 사용한다. because of는 객관적인
이유를 나타낼 때 사용하므로 주로 강조할 때 because of를
사용한다. A for B에서 A와B는 동격이므로 서로 교체할 수 있다.
즉, 이유는 이유인데 맞바꿀만한 이유이어야 된다는 뜻이다.
내 친구를 비난하는데 거기에 걸 맞는 이유가 있어야 한다는 뜻이다.

both A and B

☞포함하는 것은 A와 B

I'm **both** tired **and** hungry.
(나는 상태다 두 가지 피곤한 것과 배고픈 것)

bounce ideas off

☞공유하는 것은 생각들 그 대상은

The most important thing when it comes to thinking issues,
is to **bounce ideas off** each other.
(가장 중요한 것은, 특정 화제가 생각하는 것이라면 그 이슈들을,
공유하는 것이다 아이디어들을 그 대상은 서로서로)

bounce는 공이 이리 저리 튀는 모습인데 이 공이 튀어서 같은 편에게 갔을 때 그 같은 편이 공을 갖는 것이 아니고 바로 공을 던져주는 느낌이기 때문에 공이 이리 저리 왔다 갔다 하는 모습니다. 특히 off는 공이 같은 편의 손에 닿자 마자 튕겨져 나간 모습을 표현하고 있다. 왜냐하면 off가 "떨어져" 란 뜻이기 때문이다.

bound for

☞향하고 있는 곳은

This train is **bound for** Busan.

(이 기차는 상태입니다 향하고 있는 곳은 부산입니다)

There is a bus **bound for** Gangnam.

(거기에 있다 어떤 버스가 근데 그 버스가 향하고 있는 곳은 강남)

bound는 "튀다" 이고 for는 방향을 나타내므로 이 둘의 뜻은 튀어서 가는 방향이므로 "향하고 있는 곳은" 의 뜻이 된다.

bound to do

☞확실히 ~하다

Our team **is bound to** win.(우리 팀은 확실히 승리한다)

There is a player **bound to** win the golden medal.(거기에 어떤 선수가 있는데 그 선수가 확실히 받을 것이다 그 금메달을)

공이 튀어서 그 도착점은 to이므로 확실히 ~하다는 번역이 된다.

be bound up with~

☞밀접하게 관련되어 있는 것은

His attitude must **be bound up with** what she did yesterday.

(그의 태도는 틀림없다 밀접하게 관련되어 있는 것은 무엇인가를 그녀가 한 것 어제)

be bound는 수동태로 "묶여있다" 의 뜻이고 with는 "관련" 을 나타내므로 이 둘의 합성어는 "밀접하게 관련되어 있다" 가 된다.

brace oneself for

☞대비하다 목적하는 것은

You have to **brace yourself for** a rainy day.
(너는 해야만 한다 대비하는 것을 너 자신을 목적하는 것은
비오는 날씨)

brace는 꽉 조이는 듯 하듯이 대비하는 것을 말한다.
신발끈을 꽉 조이면 도망갈려는 것이다.

break into

☞침입하다

I didn't **break into** your flat.
(난 하지 않았다 침입하는 것을 너의 아파트)

break가 깨는 것이고 into는 들어가서 도착하는 것이므로 이 둘을
합친 뉘앙스가 break into에 있다.

break out

☞발생하다, (두드러기나, 뽀록지 등이)발생하다

I can feel hives **breaking out.**
(나는 느낄 수 있다 두드러기가 발생하고 있다는 것을)

I can feel that hives breaks out.에서 that을 생략하고 breaks
out을
breaking out로 변환시켰다. ~ing의 주어는 ~ing앞에 소유격이나
아니면 그냥 명사로 표현할 수 있다.

break up with~

☞헤어지는 것은 ~다

I'm **breaking up** with you.
(내가 하려고 하는 것은 헤어지는 것이다 너와)

break는 "깨지다" 이고 up은 "최선을 다해서" 이고 with는 "관련된 것은" 의 뜻이므로 완전히 헤어졌음을 알 수 있다.

bring it on

☞**덤벼봐**

bring은 "가져오다" 의 뜻이고 on은 "접촉" 의 뜻이므로 어떤 상황(it)을 가져와서 나에게 붙이라는 말은 "덤벼봐" 의 뜻이 된다.

If you think you can beat me, **bring it on.**

(만일 당신이 생각한다면 당신이 할 수 있다고 때릴 수 있는 것을 나를, 덤벼봐)

bring up

☞**기르다, 토하다, 꺼내다**

bring은 "가져오다" 이고 up은 위로" 의 뜻인데 위로 가져오기 때문에 "토하다" 의 뜻이 되고 근육이나 키를 위로 가져오기 때문에 "기르다" 의 뜻이 되고 컴퓨터의 파일이나 바구니 속의 물건을 위로 가져오는 것은 "꺼내다" 의 뜻이 된다.

I want to **bring up** my child in this house.

(나는 원하지 않는다 할 일은 기르는 것이다 나의 아이를 그 내부 위치는 이 집)

Don't **bring up** here.(하지마세요 토하는 것을 이곳에서)

Push the button twice to **bring up** a new menu.

(눌러라 버튼을 두 번 그러면 꺼낼 수 있다 새 메뉴를)

burst into

☞**갑자기 시작하는 것은**

burst는 갑자기 폭발하는 것이고 into는 동작의 결과를 나타내므로 이 둘의 뜻이 합해지면 "갑자기~해서 그 결과 ~하다"

의 뜻이 된다.

She **bursted into** tears.(그녀가 갑자기 시작한 것은 눈물이었다)

be busy with

☞바쁜데 관련 있는 그 원인은

I will **be busy with** my study.

(나는 바쁠 것이다 관련 있는 그 원인은 공부)

with는 함께 있는 것은" 이 기본개념이다. 함께 있다는 것은
어디서부터 받아서 함께 있는 것인데 그 함께 있는 것이 관련 있는
원인이 되게 된다.

by and large

☞대체로

By **and large**, I made the plan successful.

(대체로, 나는 만들었다 그 계획이 성공적이 되도록)

by chance=by accident

☞우연히

I met my friend **by chance.**(나는 만났다 내 친구를 우연히)

by contrast

☞그에 반해서

The town is bright during the day, but **by contrast,**
it becomes dark
at night. (이 마을은 밝다 그 지속되는 기간은 누구나 아는 낮이고
그러나, 그에 반해서 그 마을은 어두워진다 그 시점은 밤)

by means of ~=by dint of~

☞이용하는 것은

By **means of** great efforts he succeeded at last.(이용하는 것은
대단한 노력이다 그 노력으로 그는 성공했다 마침내)

It works **by means of** a spring.(그것은 작동한다 이용하는 것은 스프링)

by nature

☞선천적으로

She is curious **by nature**.(그녀는 호기심이 많다 선천적으로)

by oneself

☞혼자서＝alone

I did it **by myself**.(나는 했다 그것을 혼자서)

(비교) for oneself＝혼자 힘으로

I will finish this project for myself.

(나는 끝낼 것이다 이 프로젝트를 혼자 힘으로)

by oneself는 어떤 일을 할 수 있는 충분한 능력이 있어서 심심하지만 혼자서 친구나 동료 없이 했다는 말이고

for oneself는 어떤 일을 할 수 있는 능력이 있는지 없는지 가물가물했지만 이를 악물고 누구의 도움 없이 혼자 힘으로 했다는 뜻이다.

by itself

☞저절로

The door opened **by itself**.(그 문이 열렸다 저절로)

by the way

☞그런데(말이 나온 김에)

화제를 전환할 때 사용한다.

By the way, who is the woman.(그런데, 누구냐 저 여자는)

by the time

☞그 때쯤

By the time the sun's corona rays reach the earth.

(그 때쯤 태양 코로나 광선은 도달 한다 지구에)

call for

☞요청하다

Call for help.(요청해라 도움을)

☞데리러오다(가다)

I'll call for you at 7 o'clock.

(나는 데리러 올 것이다 너를 정확한 시각은 7시다)

☞전화가 왔다 적합한 대상은

There is a call for you.(거기에 있다 전화가 적합한 대상은 너다)

for는 "적합한 대상은"의 뜻이다.

call off

☞취소하다

I almost called off my wedding.

(나는 거의 취소할 뻔 했다 내 결혼식을)

call on

☞방문하다, 부탁하다(요구하다)

She will not call on her new neighbors.

(그녀는 하지 않을 것이다 방문하는 것을 그녀의 새로운 이웃들을)

불러서 접촉한다는 뜻은 무슨 의미일까?

이웃 집 앞에서 이웃 집 이름을 불러서 거기에 접촉해서 붙었다는

것은 그 집을 방문했다는 뜻이 된다.

He called on his friend to help him to move.

(그는 부탁했다 그의 친구들이 할 일은 도와주는 것이다

그가 이사 가는 것을)

전화해서 접촉해서 붙었다는 의미는 부탁한다는 뜻으로

요구하기는 하지만 부탁하는 의미가 매우 강한 속 뜻이 있는

요구하다가 된다.

calm down

☞진정하다

Calm down, Jane.(진정해, 제인)

can not afford to do

☞여유가 없다 그것은

I can not afford to do both.

(나는 여유가 없다 할 일은 하는 것이다 두 가지를)

can not help + -ing

☞어쩔 수 없이 ~ing한다

She could not help doing it again.

(그녀는 어쩔 수 없이 했다 그것을 다시)

care for

☞돌보는 것은, 좋아하는 것은

She cares for the sick. (그녀가 돌보는 것은 아픈 사람이다)

I don't care for coffee. (나는 좋아하지 않는다 커피를)

I don't care for sweets.(나는 좋아하지 않는다 단 것들을)

물질명사 sweet가 복수가 되면 보통명사가 되어 보통명사 복수가

되어 "단 것들" 이 된다.

carry on

☞계속해서 하는 것은

Carry on working.(계속해서 하는 것은 일하는 것이다)

carry out

☞실행하는 것은, 수행하는 것은

You must carry out our plan.

(네가 반드시 실행해야 하는 것은 우리의 계획이다)

be capable of~

☞할 수 있다 ~을

Do you really think I'm capable of doing that?

(당신은 정말로 생각하고 있습니까 내가 할 수 있다고 하는 것 그것을)

catch a cold

☞감기에 걸리다

I am confident that you will catch a cold.

(내가 확신하는 것은 네가 감기에 걸릴 것이라는 것)

catch up with

☞따라가다, 따라잡다

I'll catch up with you.(내가 할거다 따라가는 것은 당신)

clear A of B

☞깨끗하게 하다 A를 분리시킨 것은 B다

Clear the room of dust.

(깨끗하게 해라 그 방을 분리시키는 것은 먼지)

of는 "분리시킨 것은" 의 뜻이다.of에는 분리, 이탈의 뜻이 기본개념이다.

close to

☞아주 가까이 있는 것은, 아주 가까이

The sample looks different when you see it close to.

(이 샘플은 보인다 매우 다르게 언제냐하면 네가 볼 때이다 그것을 아주 가까이) to는 도착을 나타내고 그 앞에 close가 있으므로 "아주 가까이" 란 뜻이 나온다. 여기서 close to의 품사는 부사다.

The total is close to 30% of the workforce.

(총합은 상태이다 아주 가까이 있는 것은 30%이고 이 30%를 갖고 있는 것은 노동력이다)

Our economy is **close to** inflation.

(우리의 경제가 아주 가까이 있는 것은 인플레이션이다)

come across

☞**우연히 만나다, 우연히 발견하다**

Did you **come across** anything interesting?

(했니 너는 우연히 발견하는 것을 아무거나 그것은 흥미 있다)

come by A

☞**방문하다, 가서 얻다**

I'll **come by** your house.(내가 방문할께 너의 집을)

I'll **come by** this evening.(내가 방문할 게 오늘 저녁에)

come by는 타동사, 자동사로 다 쓰인다.

A good job is hard to **come by**.

(좋은 직업은 힘들다 무엇하기에 가서 얻기에)

come은 가는 것이고 by이 영향력이 미치는 가까운 범위 안을 말하는 데 가서 가까운 범위 안에 들어가게 되면 그것을 얻고 싶은 것이 사람의 마음인데 결국 일부러 거기까지 가서 가까운 범위까지 도달했으니 어렵게 얻는다는 느낌을 가질 수 있다.

come down to

☞**내려와서 도착한 곳은, 결국 도착하는 것은**

Can you **come down to** my office now?

(할 수 있니 내려와서 도착하는 곳은 내 사무실 지금)

It has **come down to** this conclusion.

(그것이 결국 도착한 것은 이 결론입니다)

come in contact with ~

☞연락하는 것은 , 접촉하는 것은

My clothes **come in contact with** my skin.

(내 옷이 접촉하는 것은 내 피부다)

come true

☞실현되다

All your dreams will **come true** today.

(모든 당신의 꿈들은 실현될 것이다 오늘)

come up to

☞도착하다

The snow **came up to** my chest.(눈이 도착했다 내 가슴까지)

up to는 ~까지란 뜻인데 up이 "최선을 다해서" 란 뜻이 있으므로

최대한 내 가슴까지 눈이 왔다는 뜻이다.

come up with

☞생각해내다, 찾아 내놓다

I need to **come up with** something.(내가 할 필요가 있는 것은 생

각해내는 것은 무엇인가를)

come up은 최선을 다해서 오다는 뜻이고 with는 함께 가지고 있는

것이므로 무엇인가를 가지고서 최선을 다해서 온다는 뜻은 생각해내

다, 찾아 내 놓다의 의역이 생긴다.

be committed to

☞전념하는 것은

You don't need to **be committed to** her recovery.

(너는 할 필요 없다 전념하는 것은 그녀가 회복하는 것)

명사+추상명사는 "명사가 동사하다"로 번역한다.

compare A with B

☞비교하다 A를 함께 있는 것은 B다

Compare her **with** the drawing.

(비교해보아라 그녀와 함께 있는 것은 그 그림이다)

with는 "함께" 있는 것을 말하는데 함께 있으면 비교하게 된다.

compare A to B

☞비유하다 A를 그 기준은 B다

to는 기준을 나타낸다. 그 기준에 비추어 보았을 때
A가 어떠한가라는 뜻이다.

The critics **compared** her works **to** those of Tom.

(모든 비평가들은 비유했다 그녀의 작품들을 그 비유 기준은
작품들인데 그 작품들을 가지고 있는 것은 탐이다)

compare notes

☞교환하다 의견을

Let's **compare notes** about the matter.

(자, 교환 합시다 의견을 자세히 관련된 것은 그 문제)

compensate A for B

☞보상하다 A 에게 그것의 교환은 B

They gave him a gift certificate to **compensate** him **for** his trouble.

(그들은 주었다 그에게 상품권을 그 결과 보상했다 그에게 그것의
교환은 그의 수고이다)

보상한 가치가 그의 수고로움이란 뜻으로 for는 1:1교환가치가
있다. 수고한 만큼만 보상했다는 뜻이다.

be concerned about

☞염려하고 있는데 자세히 관련되어 있는 것은

She **is concerned about** the situation.

(그녀는 염려하고 있다 자세히 관련되어 있는 것은 그 상황이다)

be concerned with

☞관심 있는데 관련 있는 것은

I am not concerned with it.

(나는 관심 없다 관련 있는 것은 그것이다)

about는 자세히 관련되어 있다는 뜻인데 자세히 관련되어 있으면 그만큼 염려하게 되고 with는 간접적으로 관련되어 있다는 뜻인데 간접적으로 관련되어 있으면 염려가 아니고 관심이 된다.

conform to

☞(규칙 등에)따르는 것은

I will refuse to conform to the local customs.

(나는 거절할 것이다 따르는 것은 지역 관습)

conform은 "따르다"의 뜻이고 to는 "기준"을 나타낸다. 따라야 하는 것은 기준이 되어야 한다.

congratulate A on B

☞A에게 B를 축하하다

congratulate는 어떤 성과를 이루어 낸 것을 축하할 때 사용한다.

I congratulate on your birthday.(나는 축하한다 너의 생일을)

I congratulate you on passing the examination.

(나는 축하 한다 너를 그것은 합격한 것이다 그 시험에)

전치사 on이 사용된 이유는 어떤 성과를 이루어내기 위해서는 많은 시간이 필요하고 그 시간이 결과에 접촉했을 대 성공이라는 결과가 나타난다. 즉, 시간이 흘러 어떤 결과물에 도달했을 때 축하하는 것이므로 표면 접촉을 나타내는 전치사 on을 사용해야 한다.

celebrate는 "축하하다"의 뜻이 아니라 "기념하다"의 뜻으로
"결혼기념일을 축하 한다"에 celebrate를 사용한다.

conjure up

☞**떠올리다, (주문을 외워)나타나게 하는 것은**

I can't really **conjure up** the images of you.

(난 할 수 없다 정마로 떠올리는 것을 그 이미지 관련된 것은 너)

conjure이 "떠올리다" 또는 "주문을 외어 ~이 나타나게 하다"
인데 up이 눈에 보이지 않던 것이 보이게 하는 것이므로
"떠올리다"가 된다.

(참고)She conjured coins from his ears.

(그녀가 나타나게 했다 동전을 출처는 그의 귀들)

consist of A

☞**구성되어있는 재료는 A**

Chrystocrenes which **consist of** rock, mud, and ice move
slowly down a valley.

(암석바위들은 구성되어 있는데 그 재료는 바위, 진흙, 그리고
얼음인데 그 암석바위들은 천천히 아래로 내려가면서 접해있는 것은
계곡이다) down은 "아래로 내려가면서 접해있는 것은"의 뜻이다.

contribute to A

☞**기여하는데 도착점은**

contribute가 "기여하다"의 뜻이고 to는 도착점을 말하는데
기여를 하는데 그 도착점이 A라는 뜻이다.

Would you like to **contribute to** our meeting?

(하고 싶으세요 기여하는 것을 그 도착점은 우리의 모임입니다)

be convinced of A

☞확신하는 것은 A다

I **was convinced of** her honesty.

(내가 확신했던 것은 그녀가 정직하다는 것이다)

be+pp에서 pp가 능동자동사일 때 목적어가 필요하면 전치사 of를 사용하여 목적어를 놓을 수 있다.

be+형용사에서 형용사가 의미상 목적어를 필요로 하는 형용사라면 전치사 of를 사용하여 목적어를 놓을 수 있다.

I'm **afraid of** a snake.(내가 두려워하는 것은 뱀이다)

cope with

☞대처하는 것은

They are struggling to **cope with** an invasion of frogs.

(그들은 고전하고 있는 중이다 무엇하기에 대처하는 것은 침입이다 개구리의)

correct for

☞(계산의 오차등을)보정하다

I can **corrects for** this figure.(난 할 수 있다 이 수치를)

correct고치는데 이 고치는 것에 적합한 것은 이 수치

correspond to

☞일치하는 것은

His expenditures do not **correspond to** his income.

(그의 지출이 일치하는 않는다 그 기준은 그의 수입)

to는 기준을 나타내는데 그의 지출이 그의 수입을 기준으로 봤을 때 기준에 일치하지 않는다는 뜻이다.

count on

☞의존하는 것은, 기대하는 것은

You can **count on** me.(당신은 할 수 있어요 의존하는 것을 저를)

count가 "세다"의 뜻인데 세다는 뜻은 결국 고려하다의 뜻이고 무엇인가를 고려하면 의존하게 된다.

무엇인가에 의존하게 되면 무엇인가 일어날 것을 기대하게 된다.

We can't count on this warm weather lasting

(우리는 기대할 수 없다 이 따뜻한 날씨가 계속된다는 것을)

lasting의 주어가 this warm이다. 준동사의 주어는 준동사 앞의 명사가 된다.

cut back on

☞줄여야 하는 것은

Cut back on salts to protect your blood vessel.

(줄여야 하는 것은 소금제품이다 그 목적은 너의 혈관)

물질명사에 부정관사 a/an이나 붙거나 물질명사가 복수 명사가 되면 제품을 나타낸다. salt는 물질명사로 소금이고 a salt는 보통명사로 시중에서 파는 제품 포장 단위의 소금이고 salts는 제품 포장 단위의 소금이 여러 개 있는 것을 말한다.

cut both ways

☞장단점이 있다.

Social media can **cut both ways.**

(소셜 미디어는 있을 수 있다 장단점이)

day after day

☞날마다 날마다

deal with

☞다루는 것은, 처리하는 것은

I'm **dealing with** a very dangerous man.

(내가 다루고 있는 것은 어떤 매우 위험한 사람이다)

I am going to deal with this in a very different way.

(내가 하고자 하는 것은 다루는 것이 이것을 그 모양, 형태는
상당히 매우 대른 방식이다)
a는 "상당히"라고 번역한다. 왜냐하면 정해지지 않는 부정관사이기
때문이다.

devoid of
☞가지고 있지 않는 것은
I am a person **devoid of** humor.
(난 어떤 사람인데 이 사람은 가지고 있지 않다 유머를)

discourage A from B
☞A가 B하는 것을 못하게 하다
discourage는 의욕을 꺾어 좌절시키는 것을 말한다.
from은 "분리된 것은"을 뜻한다.
His parents tried to **discourage** him **from** being an actor.
(그의 부모는 노력했다 의욕을 꺾어 좌절시켰다 그를 분리된 것은
되는 것이다 배우가)

be different from
☞다른데 출발점과
be different with를 안 쓰고 be different from을 쓴 것은
다른 정도가 출발점부터 다르다는 뜻이다.
It will be **different from** pop concert.
(그것은 다를 것이다 출발점은 팝콘서트) 그것은 출발점부터가
팝 콘서트와는 다르다는 뜻이다.

depend on~
☞간절히 매달리는 대상은, 간절히 매달리는 것은
I **depend on** you to be on time.
(내가 간절히 매달리는 것은 네가 앞으로 있는 것이다 제 시간에)

you는 to be의 해석상 주어가 되는데 to be에 딸려있는 to be의 부하가 된다.

to be는 전치사on의 목적어가 된다. on뒤에 명사you가 있지만 이 you는 to be의 부하이므로 전치사on의 목적어가 되지 않고 on의 목적어는 to be가 된다.

He began to **depend on** drugs in a weak moment.(그가 시작한 것은 간절히 매달리는 것이었다 그 대상은 마약이고 그 때는 상당히 약할 때였다)

be dependent on

☞의존하는 것은

You should not **be dependent on** your parents all your life.
(너는 당연히 의존하지 않아야 하는 것은 너의 부모님이다

너의 평생에)

deteriorate into

☞악화되어 그 결과~ 되다

A decreased amount of collagen causes skin to **deteriorate into** sagging wrinkles.
(어느 정도 감소된 양의 콜라겐은 야기시킨다 피부가 악화되어

그 결과 축 늘어지는 주름이 되도록)sag는 축늘어지다의 뜻이다.

devote oneself to ~ing

☞헌신하는 것은 ~ing

She **devotes herself to** ruining his life.
(그녀가 헌신하는 것은 망치는 것이다 그이 삶을)

devote가 헌신하다는 뜻인데 헌신한 결과 to~ing이라는 표현이므로 "헌신하는 것은 ~ing" 가 된다.

dispose of

☞처리하다

It took her a mere 20 minutes to **dispose of** her opponent.
(그것은 가져갔다 그녀에게서 겨우 20분을 그것은 처리하는 것이다 그녀의 상대방을)

take 간접 목적어+직접 목적어
(가져가다 간접목적어에게서 직접 목적어를)

do away with

☞제거하다

We should **do away with** the rule.
(우리는 당연히 제거해야만 한다 그 규칙을)

do one's best

☞최선을 다하다

I will **do my best.**(나는 할 것이다 최선을 다하는 것을)

will은 의지를 나타낸다.

Don't mention it.

☞천만의 말씀입니다.

drop in on

☞찾아오다

I am sorry to **drop in on** you out of the blue.
(내가 미안합니다 무엇하기에 찾아와서 당신을 갑자기)

 out of the blue는 맑은 하늘에 번개가 치는 비율처럼 갑자기를 말한다.

do well to do

☞현명하게 할 것은

You would **do well to go** home.
(네가 현명하게 할 것은 가는 거야 집에)

be down to A, be down to do

☞책임은 A다, 흥분한 상태다 할 일은

It's **down to me** to find someone for the job.

(그것은 책임은 나다 그것이란 찾는 것이다 어떤 사람을

그 어떤 사람에 적합한 것이 그 일이다)

1. 이것을 필요로 하는 대상은

shoes for men (구두를 필요로 하는 대상은 남성)

2. 이것이 필요로 하는 것은

the house for healing(이 집이 필요로 하는 것은 힐링)로 번역한
다.

여기에 입각하여 보면 "어떤 사람이 필요로 하는 것은 그 일이다"
또는 "어떤 사람을 필요로 하는 것은 그 일"로 번역할 수 있다.

I'm down to play golf or tennis.

(나는 흥분한 상태다 할 일은 플레이 하는 것이다 골프나 테니스를)

여기서 흥분한 상태는 긍정적 의미의 흥분한 상태임을 말한다.

draw in

☞끌어들이는 것은

The lure **draws in** crowd.

(그 매력이 끌어 들인다 군중을)

crowd 앞에 아무것도 없으면 부분적인 것을 나타낸다.

draw upon

☞의지하는 것은, 이용하는 것은

draw가 "잡아끌다"이고 on은 "접촉"을 나타내므로 어딘가에
접촉해서 그 힘을 잡아 끌어내는 느낌이므로 그것을 이용하기도
하고 그 힘에 의지하기도 한다. 그 힘을 끌어내는 목적이 그 힘을
이용하기도 하지만 의지하기 위해서도 이다.

We have to **draw upon** the nation for our benefit.
(우리가 해야만 하는 것은 의지하는 것이다 이 국가에 그 목적은
우리의 이익)

due to~

☞당연한 그 이유는

due자체에 당연하다는 뜻이 들어있다.

The accident was **due to** his carelessness.(그 사고는 상태였다
당연한 이유는 그가 부주의했다는 것이다)

dwell on A

☞깊이 생각하는 것은(얽매이는 것은)

 dwell이 "~에 살다 "는 뜻이고 on은 "접촉해서 위에 살다"는
뜻인데 접촉해서 위에 살면 아래에 있는 것이 집중 하중을 받게
된다는 표현으로 그 위에 접촉해서 살고 있다는 것은 깊이 생
각한다는 뜻이다. 깊이 생각하면 얽매이게 된다.

You made a mistake, but there's no need to **dwell on** it.
(네가 실수했어 그러나 거기에는 아무런 필요가 없지
어떤 필요냐 하면 깊이 생각하는 것이야 그것을)

be eager for, be eager to do

☞갈망하는 것은

I am **eager for** the news.(내가 갈망하고 있는 것은 그 뉴스)

I am **eager to see** her.(내가 갈망하는 것은 보는 것이다 그녀를)

be eligible for A

☞자격이 있다 그 자격에 적합한 것은 A

She **is eligible for** the presidency.(그녀는 자격이 있다 그 자격에
적합한 것은 대통령 직이다)

end in

☞(주어의 행동의 결과)결국 되는 것은

It'll **end in** disaster.(그것은 결국 될 것이다 재앙)

end in은 수동자동사로 번역한다.

endow A with B

☞부여한다 A에게

Knowledge does not always **endow** a writer **with** creativity.
(지식이 항상 부여하지 않는다 어떤 작가에게 가져다 주는 것은 창조성)

end up

☞결국하게 되는 것은

If you go on like this, you' ll **end up** in palace.
(만약 네가 간다 계속해서 이렇게, 너는 될 것이다 결국하게 되는 것은 들어가는 것이다 궁전에)

I always **end up** making money.
(나는 항상 결국 하게 되는 것은 버는 것이다 돈을)

be engaged in

☞집중하고 있는 때는,

engage는 관심을 사로잡다는 뜻이다. 관심을 사로잡다는 것은
"집중하다" 는 뜻이다.

engage는 어떤 관계 때문에 의무적으로 집중하는 것을 말한다.

They were **engaged in** conversation.(그들은 집중하고 있었다
그 때는 대화일 때다)

☞종사하는 분야는

She **is engaged in** teaching.(그녀는 종사하고 있다 그 분야는 가
르치는것이다) 어떤 분야에 집중하게 되면 그 분야에 종사하게 된
다)

be engaged to A

☞관계를 맺는 대상은 A

engage는 "관계를 맺고 그 결과 어떤 의무가 생긴다"는 뜻이다.

How could I **be engaged to** a married man?

(어떻게 할 수 있어 내가 관계를 맺는 도착 대상이 결혼한 남자랑?)

관계를 맺어서 어떤 의무가 생긴다는 말은 고용의 관계가 될 수도 있고 약혼의 관계도 될 수 있다.

could는 현재 시제에 사용되는 것이고 그 뜻은 매우 겸손하면서도 추측의 뜻이 들어 있다. "pp+명사"에서 pp는 능동자동사의 pp로 "스스로 결혼한"의 뜻이다.

He never mentioned that he **was engaged to** a English teacher.

(그는 결코 말하지 않았다 그가 관계를 맺는 그 도착 대상이 영어 선생이라고) 관계를 맺는 도착 대상이란 약혼을 의미하기도 한다.

be engaged to do

☞관계가 있다 앞으로 할 일은

They **are engaged to be** married(그들은 관계가 있다 앞으로 할 일은 결혼하는 것이다)

관계가 있어서 앞으로 할 일은 어떤 의무가 생기는 일이다.

enjoy oneself

☞즐기다

Enjoy yourself.(즐겁게 지내라)

enough to do

☞충분히 무엇하기에, 충분한 무엇하기에

to do는 결과를 나타내므로 "그래서"라는 번역이 된다.

He is smart **enough to** ignore me.(그는 상태이다 똑똑한 충분히 무엇하기에 무시할 수 있다 나를)

I have money **enough to** buy the car.(나는 가지고 있다 돈을 충분한 무엇하기에 살 수 있기에 그 차를)

enter into

☞시작하다, 참여하다

Let's **enter into** details.(자, 시작합시다 자세한 사항들을)

He decided to **enter into** Korean politics.(그는 결정했다 할 것은 참여하는 것이다 한국정치에)

be entitled to

☞권리나 자격을 받다 속하는 것은~

Can I **be entitled to** the money?

(할 수 있나요 내가 권리를 받는 것이 속하는 것은 돈)

그 돈에 속해서 권리를 받는 다는 것은 그 돈을 받는 다는 뜻이다.

The nation will **be entitled to do** so.

(그 국가는 권리를 부여받을 것이다 속하는 것은 하도록 그렇게)

be equivalent to

☞동등한 것은

The stuff's price would **be equivalent to** about 100,000wons.
(그것은 제가 조심스럽게 생각해 보건데 동등합니다 그 기준은
약 십만원)

would는 will의 겸손한 표현으로 현재 시제이며 그 뜻은
"제가 생각해 보건데 ~입니다"의 뜻이다.

even so

☞(심지어) 그렇기는 하지만

There are a lot of mistakes, **even so**, he is a good guy.

(거기에는 많은 잘못들이 있다 그렇기는 하지만 그는 좋은 애다.)

ever since

☞언제부터 계속되고 있냐하면

Ever since the coming of television (언제부터 계속되고 있냐하면 텔레비전의 출현부터이다)

every bit

☞어느 모로 보나

Yeongjongdo Island is every bit as beautiful as Jeju Island. (영종도 섬은 오느 모로 보나 아주 비슷하게 아름답다 무엇처럼 제주 섬처럼)

as beautiful as에서 앞의 as는 "아주 비슷하게" 로 뒤의 as는 "무엇처럼" 으로 번역한다.

every once in a while

☞가끔

except for

☞뺀 것은

I like all vegetables except for tomatoes.(나는 좋아한다 모든 채소들을 뺀 것은 토마토이다)

fall asleep

☞잠이 들다

She fell asleep.(그년은 잠이 들었다)

fall back=retreat

☞후퇴하다

The enemy fell back as our troops advanced.

(그 적이 후퇴했다 동시 상황은 우리의 군대가 진군하는 것이다)

fall behind

☞뒤처지다 뒤에 있고 앞에 있는 것은

I must not **fall behind** schedule.

(난 반드시 떨어져 있으면 안 된다 내가 뒤에 있고 앞에 있는 것은 스케줄)

fall down

☞넘어지다

The fence is likely to **fall down.**

(그 울타리는 할 것 같다 넘어지는 것)

fall in line

☞따라야 할 것은 규정

Everyone will **fall in line.**(모든 사람들이 따를 것이다 규정에)

fall in line with

☞(강제로) 동의하는 것은

The government asked the company to **fall in line with** the regulation.

(이 정부는 요청했다 그 회사가 동의하도록 그 규정에)

line은 "선"인데 이 선을 벗어나면 안 되므로 이 선은 하나의

규칙, 규정이 된다. with는 "관련되어 있는 것은"이므로

fall in line with는 강제적으로 동의하다는 뜻이 된다.

fall in love with

☞사랑에 빠지다 함께하는 대상은

Don't **fall in love with** someone ugly.

(사랑에 빠지지 말아라 어떤 사람과 그 어떤 사람은 못생겼다)

~thing, ~body, ~one으로 끝나는 명사는 형용사가 뒤에서 설명해준다.

이러한 단어들은 개성이 매우 강하여 형용사가 앞에 오는 것을

극도로 싫어한다.

be familiar with~

☞익숙한 것은, 잘 아는 것은

I **am familiar with** this city.(내가 잘 알고 있는 것은 이 도시다)

familiar는 익숙하다는 뜻이고 with는 "관련있다" 뜻이므로 관련있는

것에 익숙하다는 뜻이므로 "잘 알고 있다"가 된다.

be familiar to~

☞익숙한데 그 기준은

That word might **be familiar to** you.

(그 단어는 아마도 익숙할 것이다 그 기준은 너다)

to가 기준이기 때문에 익숙해져서 그 기준에 소속된다는 뜻이다.

be famous for A

☞유명하다 그것은 A

유명한데 유명한 그것은 A이다. for는 동격을 나타낸다.

She **is famous for** being mean.

(그녀는 유명하다 (유명한데 유명한)그것은 비열함이다)

figure out

☞알아내다

I can't **figure out** how to solve this problem.

(나는 할 수 없다 알아내는 것을 어떻게 해결하는지 이 문제를)

figure가 수치를 나타내는데 이 수치가 무엇을 의미하는지

알아내다는 의미이다.

first of all

☞무엇보다도 우선

First of all, I love you.(무엇보다도 우선, 나는 사랑해 너를)

flip over

☞뒤집는 것은

The participants **fliped over** the name plate one by one in turn.

(참가자들은 홱 뒤집었다 그 이름판을 하나씩 하나씩 차례로)

follow through with

☞이행하는 것은(완수하는 것은)

Check if she could **follow through with** her promise.

(체크해봐라 그녀가 할 수 있는지 이행하는 것을 그녀의 약속)

follow는 "따라가다" 이고 through는 사람이 들어갈 수 있는 유리관을 말하는데 여기서 유리관은 어떤 정해진 규칙등이 이 유리관속을 흘러가는 것을 말한다. 따라서 이 유리관 속에 들어있는 규칙을 따라간다는 뜻에서 "이행하다" 의 뜻이 나오게 되었다. with는 "관련해서" 이다.

for better or worse

☞좋은 싫든

for convenience

☞편의상

I'll refer to this as "a hero" from now on **for convenience**.

(나는 언급할 것이다 이것을 한 영웅이라고 지금부터 편의상)

for example

☞예를 들면

for ever

☞(내 생애)영원히

Don't forget me **for ever**.

(잊지 말아요 나를 평생 동안) ever는 "영원히" 란 뜻이 아니고

내 생애 동안만을 말한다.

for God's sake

☞제발 좀

For God's sake, speak the truth.(제발 좀, 말해라 그 진실을)
sake는 이익이란 뜻이고 for는 "위하는 것은" 이므로 하나님을 위한
것이란 뜻으로 절대적이란 뜻이다.

for good

☞영원히

Don't forget me for good.
(잊지 말아요 나를 영원히) for ever는 살아생전의 평생 동안을
말하고 for good는 글자 그대로 영원히란 뜻이다.

for nothing

☞공짜로, 헛되이

He' s often trying to get something for nothing.(그는 자주 노
력한다
하려고 하는 것은 얻는 것이다 무엇인가를 공짜로)
She's preparations for the picnic were for nothing.
(그녀가 준비한 것 그 적합한 것은 그 소풍인데 그 준비한 것이
헛되었다)

for one's life

☞필사적으로

Walk for your life for your health.
(걸어라 필사적으로 위하는 것은 너의 건강)

for sure

☞확실히

Two thing are for sure.—they're going to be easy.

(두 가지는 상태이다 확실한-그 두 가지는 될 것이다 쉽게)

for the first time

☞최초로, 처음으로

In the distance we saw the Pacific **for the first time.**

(멀리서, 우리는 보았다 태평양을 처음으로)

for the last time

☞최후로, 마지막으로

The factory closed its doors **for the last time** in 2000.

(그 공장은 닫았다 자신의 문을 마지막으로 그 때는 2000)

2000년의 어느 때에 공장이 문을 닫았다는 뜻이다.

for the sake of A

☞목적은 A이다

She gave up smoking **for the sake of** her health.

(그녀는 포기했다 목적은 그녀의 건강이다)

We walk **for the sake of** exercise.(우리는 걷는다 목적은
운동이다)

I don't use disposable cups **for the sake of** the environment.

(나는 사용하지 않는다 일회용 컵을 목적은 환경이다)

be forced to do

☞할 수 없이 해야만 하는 것은=be compelled to do

The store **is forced to** close.(그 가게는 할 수 없이 닫아야만 한
다)

for the time being

☞당분간

freak out

☞소스라치게 놀라게 하다, 소스라치게 놀라다

freak는 괴물이라는 뜻인데 이 괴물이 내면에서 밖으로 튀어 나온다는 이미지다. 그러니 얼마나 소스라치게 놀라겠는가?

Just in case, try not to **freak out** your girl friend.
(만일의 경우를 대비해서, 노력하지 마라 할 일은 소스라 치게 놀래키는 것이다 너의 여자 친구를)

In case of an emergency, don't **freak out.**
(만일 발생한다면 비상상태가, 소스라치게 놀라지 마라)

be free from

☞없는 것은

This bread **is free from** preservatives.
(이 빵이 없는 것은 방부제이다)

from now on

☞지금부터

I'll refer to this as "a hero" **from now on** for convenience.
(나는 언급할 것이다 이것을 한 영웅이라고 지금부터 편의상)

from time to time

☞가끔

get along with

☞사이좋게 지내다 함께하는 대상은

get은 "몸을 움직여서 이동하다" 가 기본 개념이다.

It is easy to **get along with** her.
(그것은 쉽다 그것은 사이좋게 지내다 함께 하는 대상은 그녀)

along에서 a는 부정관사이고 long은 접해서 길게 이어지는 것을 말하는데 부정관사란 정해지지 않은 것을 말하므로 길기는 긴데 정할 수 없다는 뜻이다. 즉, 어찌 보면 한계가 없을 수도 있다.

get은 "몸을 움직여서"의 뜻이고 with는 "함께하는 것은"의 뜻이므로 오랜기간동안 함께한다는 뜻이므로 "사이좋게 지내다"의 뜻이 된다.

get away

☞**도망가다, 떨어져 있다**

away는 "멀리"라는 뜻이다.

I needed to **get away** from her.

(나는 필요했다 도망가는 것이 출처는 그녀)

I needed you to **get away** from me.

(나는 필요로 한다 네가 떨어져 있는 것을 출처는 나)

get away with

☞**빠져나가는 것은**

벌이나 비난 등에서 빠져나가는 것을 의미한다.

You can't **get away with** a lie.

(당신은 할 수 없다 빠져나가는 것을 관련된 것은 거짓)

with는 "관련된 것은"의 뜻이다.

get back

☞**되찾다**

I want to **get back** my money.

(나는 원한다 할 일은 되찾는 것이다 나의 돈을)

get는 상호 합의하에 얻는 것을 말한다. 여기서 돈을 되찾을 때는 상대방과의 합의가 있었음을 알 수 있다.

take는 상대방과의 합의 없이 일방적으로 가져가는 것을 말한다.

get by

☞**지나가는 것은, 생활해 내다**

I can't **get by**.(내가 할 수 없네 이동해서 가까운 근처)

I can't get by (you). get은 몸을 움직여서 이동시키는 것이고
by는 영향을 미칠 수 있을 정도로 가까운 거리를 의미하므로
앞에 있는 당신의 가까운 근처로 몸을 이동시키키가 어렵다는
뜻이므로 결국 길을 비켜달라는 완곡한 표현이다.
How does she **get by** on such a small salary?
(어떻게 하는가 그녀는 생활해 내는 것을 의지하는 것은 그렇게
상당히 작은 급료로)
get은 몸을 움직여서 이동하는 것이니 생활한다는 뜻이고
by는 살면서 가까운 근처에서 나에게 영향을 끼치는 많은 사람들
사이에 있어야 한다는 뜻이니 "생활해 내다" 는 뜻이 된다.

get into

☞**몸을 움직여서 안으로 들어가서 접촉한 것은, 시작하는 것은**

She's **getting into** trouble.(그녀가 움직여서 안으로 들어가 접촉한
것은 골칫덩어리다)
get은 "몸을 움직여서 움직이다" 이고 into는 "안으로 들어가서
접촉한 것은 " 또는 " 안으로 들어가서 연결한 것은 "의 뜻이다.
She **got into** the computer business.
(그녀는 시작했다 그 컴퓨터 사업을)
안으로 들어가서 접촉한다는 것은 시작한다는 것을 의미한다.

get in touch with

☞**연락하는 것은**

I have been **getting in touch with** Tom.
(나는 이미 연락해오고 있어요 탐에게)

get into the swing of

☞**익숙해지다 ~에**

 It took me two days to **get into the swing of** things

with work.

(그것은 가져갔다 나에게 이틀을 그것이란 익숙해지는 것이다
일에 관련된 것은 일)

It took me two days는 4형식으로

"나에게서 이틀을 가져가다" 가 된다. It은 가주어이고 to get이
진주어가 된다. 진주어의 번역은 "그것이란" 이 된다.

swing(그네)에 올라탔다는 것은 그만큼 익숙해졌다는 뜻이 된다.

get over

☞**극복하다**

You need to **get over** this situation.

(너는 필요로 한다 극복하는 것을 이 상황을)

get rid of

☞**제거할 것은**

Get rid of the enemy.(제거할 것은 그 적이다)

get the gist of A

☞**가져오다 요점을 관련된 것은 A**

I **got the gist of** the conversation.

(나는 할 수 있다 가져오는 것을 요점을 관련된 것은 그 대화)

get through with

☞**완수할 것은, 끝낼 것은**

I 'll **get through with** the work.(나는 끝낼 것이다 그 일을)

get은 몸을 순간적으로 움직여서 이동하는 것을 말하고
through는 긴 유리관을 통과하는 것을 말하는데 몸을 움직여서
긴 유리관을 지나면 극복하다" 또는 "끝내다" 가 된다.

get tired of~

☞싫증이 나는 것은

If you **get tired of** working for him, call me.

(만약 당신이 싫증 나는 것이 일하는 것이다 위하는 것은 그,
전화해라 나에게)

get+형용사에서 get은 상태가 변하는 것을 말하는데 주어의
의지가 들어있다. get tired는 주어가 스스로 싫증내는 것을
말한다.

get under a person's skin

☞화나게 하는 것은 a person

This guy has just really **gotten under my skin.**

(이 사람이 방금 정말로 화나게 했어요 나를)

get은 "이동하다" 의 뜻이고 under는 "아래에" 란 뜻으로 결국
피부 아래에 있다는 말인데 피부 아래에는 신경이 있어 피부 아래에
무엇인가 들어오면 굉장히 신경 쓰이고 아프기까지 하므로
이것을 "화나게 하다" 로 번역할 수 있다.

get used to ~ing

☞익숙해지는 것은 ~ing

get used to ~ing에서 to는 전치사다/

You have to **get used to studying** English.(네가 해야할 것은
익숙해지는 것이다. 공부하는 것 영어를

give away

☞나누어주다

Don't **give away** the food.(하지마라 나누어 주는 것을 그 음식을)

거저 나주어 주다의 뜻인데 give는 "주다" 이고 away는 "멀리"
라는 뜻으로 주는데 멀리 준다는 뜻으로 공짜로 나누어 주다는
뜻이 생겼다.

give a hand

☞돕다

We should **give a hand** to the needy.

(우리는 당연히 해야만 한다 돕는 것을 누구에게까지 도움이 필요한 사람들에게까지)

the+형용사=단수 명사(도움이 필요한 사람) 또는

복수 보통명사(도움이 필요한 사람들)

give a big hand

☞박수갈채를 보내다

Let's **give a big hand** to our guest.(자 박수갈채를 보냅시다 도착하는 곳은 우리의 손님입니다.)

to는 "도착하는 곳은"으로 번역한다.

give one's word

☞약속하다

The soldiers **gave their word** to attack the bad country.

(그 군인들은 약속했다 그 약속이란 공격하는 것이다 그 나쁜 나라를)

to attack이하는 word를 설명하는 형용사다.

give rise to

☞발생시키는 것은

The internet will **give rise to** a lot of opportunities.

(우리가 알고 있는 그 인터넷은 발생시킬 것이다 많은 기회들을)

독해 지문의 맨 앞에 the가 나오면 이 the는 나도 알고 너도 아는 the이다.

give up

☞포기하는 것은

He counselled them to **give up** the plan.

(그는 조언했다 그들에게 그들이 포기하라고 그 계획을)

up은 "최선을 다해서"이고 give는 "주다"는 뜻으로 주기는
주는데 최선을 다해서 주는 것이므로 포기하다가 된다.

given

☞고려해 볼 때(무엇을)

given은 전치사로 쓰인다.

Given the fact that she is complaining about an upset
stomach, it's H1N1 super virus.

(고려해볼 때 (무엇을) 그 사실을 그것은 그녀가 불평하고 있는
중이라는 것이다 자세히 관련된 것은 불편한 위통, 그것은 신종플루
바이러스다)

given that=considering

☞고려해 볼 때(무엇을)

given that은 접속사로 쓰인다.

It was surprising that the president was re-elected,
given that his government had raised taxes very much.

(그것은 놀라움을 주는 일이다 그것이란 그 대통령이 재선되었다는
것이다. 고려해볼 때 그 대통령의 정부가 이전에 이미 올렸다
세금을 매우 많이)

go ahead

☞가라 앞으로(진행하다)

Do you mind if I ask you a question? No, **go ahead**.

(당신은 꺼려합니까 만일 내가 묻는다면 당신에게 어떤 질문을
아니, 가라 앞으로) 질문하라는 뜻이다.

어떤 어려움이나 난관이 있어도 앞으로 가라는 뜻이 담겨있다.

CEO approved it. You can **go ahead.**(대표께서 승인했다. 너는 진행해도 된다)

go ahead and A

☞어서 A를

Go ahead and send the paperwork.(어서 보내라 서류를)

go for a walk

☞산책하러 가다

He **went for a walk.**(그는 갔다 목적하는 바는 산책이다)

(그는 산책하러 갔다)

go for it

☞그냥 해봐

go는 "가다" 이고 for은 "향하는 곳은" 이므로 "가라 향하는 곳은 그곳 "이란 뜻으로 "그냥 해봐" 또는 "힘내" 라는 뜻이 된다.

I like the idea. Let's **go for it.**(난 좋아 그 아이디어가, 해보자 그냥 해봐)

go out of business

☞폐업하는 것은

The clothes store is **going out of business.**

(그 옷 가게는 폐업하고 있는 중이다)

out of는 "벗어난 것은" 의 뜻으로 "가기는 가는데 벗어난 것은 사업이다 " 이므로 폐업하다의 뜻이 된다.

go over

☞검토하다

Go over your paper before you hand it in.

(검토해라 너의 논문을 미리 이후에 할 것은 제출하는 것이다 그것을)

go through
☞검토하다, 경험하다
I'm sorry that you had to **go through** it.
(유감이다 네가 해야만 했다 경험하는 것 그것을)
through는 유리관 내부를 관통한다고 생각하면 된다. 유리과 내부를
관통하면서 많은 것들을 경험한다는 뜻이 들어있다.
형용사 중에서 that절을 목적어절로 취하는 형용사가 여러 개 있다.
이 때의 목적어절은 형용사를 설명해주는 부사절이 된다.
부사 번역 중에 목적이 있으므로 이 때의 목적절은 부사절이 된다.
We have to **go through** every single line of expenditure.
(우리가 해야만 하는 것은 검토하는 것 모든 내역서의 비용을)

go to see
☞선원이 되다
I wanted to **go to see**.(나는 원했다 할 일은 선원이 되는 것이다)
be going to do
☞하려고 하는 것은
I **am going to** buy a car.(내가 하려고 하는 것은 사는 것이다 자
동차를)
hand in
☞제출하다
Go over your paper before you **hand it in**.
(검토해라 너의 논문을 미리 이후에 할 것은 제출하는 것이다
그것을)
have a good ear for
☞잘 이해하고 있는 것은

I **have a good ear for** English.

(내가 잘 이해하고 있는 것은 영어다)

내가 좋은 귀를 가지고 있는데 그 좋은 귀에 적합한 것은 영어다.

have a good time

☞ 가지다 즐거운 시간을

I **had a good time** at the meeting.(나는 가졌다 즐거운 시간을 그 정확한 장소는 그 모임이다)

have to do

☞ 해야만 하는 것은

I **have to** study English.(내가 해야만 하는 것은 공부하는 것이다 영어를)

had better

☞ 반드시 해야만 하는 것은

반드시 하지 않으면 어떤 불이익이 있다는 말로 협박성 맨트다.

You **had better** go to the doctor.

(네가 반드시 해야만 하는 것은 가서 만나는 것이다 의사를)

의사에게 진찰 받지 않으면 병이 악화될 수도 있다는 뜻이다.

had better는 must와 많이 비슷하다.

"~해야 더 낫다" 는 한글의 표현은 It's better to do를 사용하는 것이 좋다.

It's better to take a taxi.

(그것이 더 좋다 그것은 타는 것이다 택시를)

hand over

☞ 넘겨주다

손 위로 왔다 갔다 하는 의미이므로 "넘겨주다" 는 뜻이 된다.

Hand over the key.(넘겨줘라 그 열쇠를)

hang in there

☞버티다

역경을 버티는 것을 말한다. 역경을 버티는 것이므로 "힘내라" 는 뜻도 된다.

Hang in there, everything is going to be OK.

(버텨라, 모든 것이 될 것이다 OK)

hang on

☞잠깐만

Hang on let me think about it.

(잠깐만, 해 볼게 생각해보는 것은 자세히 관련된 것은 그것)

hang은 매달리다의 뜻이고 on은 접촉해서 지속적인 것을 나타내는데 매달리는 것은 힘들어서 오래 매달리지 못하므로 잠깐 동안을 말한다. 보통은 대화 도중에 상대방의 말을 끊고 자기의 말을 할 때 사용한다.

hang out

☞사람들과 어울리다

hang은 매달다의 뜻이고 out은 "밖에" 라는 뜻인데 바깥에 나가서 무엇인가에 매달리면 논다는 뜻이 된다. play는 어떤 장난감이나 도구들을 가지고 노는 어린이들의 놀이라면 hang out는 어른들의 놀이라고 생각하면 된다.

We **hang out** with friends who have similar interests.

(우리는 어울리다 함께 하는 것은 친구들 근데 그 친구들은 가지고 있다 비슷한 흥미들을)

hang up

☞걸어놓다, 전화 끊다

hang은 "걸다" 란 뜻이고 up은 "위에" 란 뜻이므로 걸기는 거는데 위에 거는 것이므로 "걸어놓다" 가 된다.

Hang up your jacket on the hanger.

(걸어놓아라 너의 재킷을 접촉할 위치는 옷걸이)

전화기의 수화기를 벽에 걸어 놓는 것은 전화를 끊었다는 뜻이다.

Hang up, please

happen to do

☞마침 to do하다, 우연히 to do하다

She **happened to be** out when I called.

(그녀는 마침 있지 않았다 그 때 내가 전화했었다)

I **happen to** meet my teacher on the street.

(나는 우연히 만났다 내 친구를 그 표면 위치는 그 거리에서)

have a head for

☞가지고 있다 두뇌를 적합한 분야는

I am afraid that I do not **have a head for** figures.

(내가 걱정하고 있는 것은 내가 가지고 있지 않다는 것이다
어떤 두뇌를 이 두뇌에 적합한 분야는 수치)

have nothing to do with ~

☞관계없는 것은

Look, I **have nothing to do with** this problem.

(이봐, 내가 관계없는 것은 이 문제야)

help yourself

☞맘대로 하세요, 마음껏 드세요

Here you are

☞여기 있습니다.

hit the road

☞도착하다 길에, 출발하다

Go on this street and you'll **hit the road** at last.
(가라 접촉해서 있는 위치는 이 길, 그러면 너는 도착할 것이다
그 길에 마침내)

I have to **hit the road** right now.
(난 해야만·한다 출발하는 것을 지금 당장)

먼 길을 출발하는 것을 뜻한다.

hold on

☞기다리다

Hold on a minute.(기다려 몇 분정도)

hold는 유지하다의 뜻이고 on은 접촉을 나타내는데 이 때의 접촉은
계속적인 접촉을 나타낸다. 유지가 계속되므로 "기다리다" 의
뜻이 된다. a minute에서 a가 정해지지 않는 부정관사이므로
분은 분인데 정해지지 않은 분이므로 상당한 몇 분을 나타낸다.

Hold on a second.(기다려 몇 초정도)

hold out

☞손을 내밀다

Hold out your hand.(내밀어라 너의 손을)

☞지속하다

The team can stay here for as long as their supplies
hold out.
(그 팀은 머물 수 있다 이곳에 그 기간은 지속되는 기간은
그들의 비축물자가 지속하는 동안)

as long as는 "지속하는 동안" 의 뜻이다.

☞버티다

I wanted her to **hold out** pain.
(나는 원했다 그녀가 할 일은 버티는 것이다 고통을)

be hooked on

☞마음을 빼앗겨 있는 것은

I'm worried that if kids **are hooked on** the social media, it will

ruin their hope.(내가 걱정하고 있는 것은 만약 어린이들이 마음을 빼앗겨 있는 것이 소셜 미디어라면, 그것은 황폐화시킬 것이다 그들의 희망을)

hook가 "갈고리를 걸다" 는 뜻인데 그 갈고리에 접해 있는 것에 갈고리가 걸려 있다는 뜻이므로 무엇인가에 마음이 빼앗겨 있는 것을 말한다.

hook up

☞연결하는 것은

I hope her and the teacher **hook up** together.
(난 희망 한다 너와 그 선생님이 연결되는 것을 함께)

a host of

☞많은

Too much drink can lead to **a host of** ills.
(지나치게 많은 음주는 야기시킬 수 있다 많은 질병들을)

a host of+복수명사

lead to는 "결과적으로 야기시키다" 의 뜻이다.

How about~ing

☞제안하는 것은

How about going on a picnic?(제안하는 것은 소풍가는 것이다)

how about~ing은 제안하는 것이므로 Yes 또는 No로 대답해야 한다.

(비교)what about

what about은 구체적인 내용으로 답해야 한다.

What about dinner at my house.(제안하는 것은 저녁인데 그 정확한 위치는 나의 집)

What about으로 물어보면 대답은 구체적인 내용을 해야 한다. 즉, 몇 시에 갈까요?라는 대답이 나와야 한다.

what about과 how about은 둘 다 제안할 수 있지만 what about은 구체적인 내용으로 대답해야 하고 how about은 yes나 no로 대답해야 한다.

또한, what about은 "어떡해야 하지"의 뜻이 있다.

Let's go on a picnic. What about our dog.

(자, 소풍가자. 어떡해야 하지 우리의 개는)

if nothing else
☞적어도, 최소한

"만약 어떠한 것도 다른 추가적인 것이 없다면"의 뜻이므로 "적어도" 또는 "최소한"의 뜻이 된다.

If nothing else, he'll help you work well.

(적어도, 그가 도울 것이다 당신이 일하도록 잘)

be implicated in
☞연루되어 있는 것은

I think you may be implicated in the murder.

(내가 생각하기에 네가 아마도 연루되어 있는 것은 그 살인사건)

in a hurry
☞서둘러서

He had to leave in a hurry.

(그가 해야만 했던 것은 떠나는 것이었다 서둘러서)

추상명사나 물질명사에 부정관사(a/an)가 붙으면

보통명사가 되는데 보통명사라고 하는 것은 모양과 형태가 있는
것을 말하므로 in a hurry는 서두르는 모양을 나타내는 의태어다.

in a snap

☞순식간에

The breakfast will be ready **in a snap.**

(아침 식사가 준비될 것이다 순식간에)

in accordance with

☞따라야 할 것은

You should behave **in accordance with** the rules in school.

(여러분 들은 당연히 행동해야만 한다. 따라야 할 것은 모든 규칙들
인데 이 규칙을 가지고 있는 것은 학교다)

according to~ 와 번역 상 비슷하다.

in addition

☞게다가, 그 이외에 ➡보통 부사로 쓰인다.

in addition to

☞주로 포함하는 것은

In addition to the weekly pay, I earned $30 by side job.(주로
포함하는 것은 주급이고, 나는 벌어요 30달러를 수단은 부업이다)

in advance of

☞미리 전에 그 기준은

It is wise to give a little detail **in advance of** sales.

(그것은 현명하다 그것이란 주는 것이다 약간의 세부사항을
미리 전에 그 기준은 판매)

in all ages

☞예나 지금이나

It's mentally wrong **in all ages.**

(그것은 정신적으로 문제 있다 예나 지금이나)

in a matter of
☞불과 ~만에

The house was built up in **a matter of a month.**

(그 집은 건축되어졌다 불과 한 달 만에)

in a row
☞연속해서

The cost has fallen for two months **in a row.**

(비용이 계속해서 하락하고 있다 그 기간은 두 달 연속해서)

in bulk
☞대량으로(포장하지 않은 대규모 화물)

I often buy coffee **in bulk.**

(나는 자주 산다 커피를 대량으로)

커피를 살 때 포장되지 않은 대량의 커피를 말한다.

벌크선이란 석탄 등을 포장하지 않고 운반하는 배를 말한다.

in case of
☞만일 발생 한다면 ~이

In case of emergency, break the glass and press the button.

(만일 발행한다면 비상상황이, 깨라 그 유리 즉시 그 후 눌러라

그 버튼을) and는 동작의 찰나적인 순서를 나타낸다.

번역은 " 즉시 그 후

in contrast to
☞대조적이다 그 기준이 ~일 때

In contrast to my thought, her character is not good.

(대조적이다 그 기준이 내 생각일 때, 그녀의 성격은 아니다

좋은 것이)

in due course

☞적절한 때가 되면

Tom will come here in due course.

(탐이 올 것이다 이곳에 적절한 때가 되면)

in excess of

☞초과하는 것은

The decrease will not be in excess of 5 percent.

(하락이 되지 않은 것이다 초과하는 것은 5퍼센트)

be in charge of A

☞담당하는 것은 A

She'll be in charge of hotel clients.(그녀는 담당하게 될 것이다
호텔 고객들을)

in comparison with

☞비교대상은

The earth is very small in comparison with the sun.(지구는 매
우 작다 비교대상은 태양)

in comparison to

☞비교기준은

The guitar seems small in comparison to the flag.

(기타는 주관적으로 보인다 작게 비교기준은 깃발이다)

to는 기준이다. 기준보다 작게 보인다는 뜻이다

incorporate A into B

☞포함시키다 A를 그 도착지는 B로

You eve incorporated me into the show.

(너는 심지어 포함시켰다 나를 그 도착지는 그 쇼로)

incorporate는 "내부로 집어넣다 공동을" 로 "포함시키다" 의

뜻이다. into는 행위의 도착지를 나타낸다.

in detail

☞상세하게

 I will explain **in detail**.(내가 설명하겠다 상세하게)

in essence

☞본질적으로

You and me are a little different **in essence**.
(당신과 나는 어느 정도 차이가 있다 본질적으로)

in fact

☞사실상

In fact, it would happen at the same time.
(사실상, 그것은 불규칙적으로 일어나곤 했다 동시에)

in hindsight

☞돌이켜보니

돌이켜보니 후회한다는 뜻이다.

In hindsight, that probably wasn't our best idea.
(실제적으로 돌이켜보니, 그것은 아마도 아니 었다 우리의 가장 좋은
아이디어)

in no time

☞당장

She will be leaving home **in no time**.
(그녀는 떠날 것이다 집을 당장)

in one way or another

☞어떻게든

In one way or another I'm going to find you.
(어떻게든, 내가 할려고 하는 것은 발견하는 것이다 너를)

be interested in~

☞관심 있는 분야는

I **am interested in** Math.(내가 관심있는 분야는 수학)

in the absence of

☞부재중인 것은 ~

The meeting will be postponed **in the absence of** manager.

(그 회의는 연기될 것이다 부재 중인 것이 관리인이라면)

전명구가 부사일 경우 조건이 추가 될 수 있다.

in the end

☞결국

A hero wins **in the end**.(영웅은 승리하지요 결국)

be informed of~

☞알고 있는 것은

We can **be informed of** what's going on in the world.

(우리는 알 수 있다 무엇이 일어나고 있는지 이 세상에)

be informed는 수동태로서 "정보를 제공받았다" 는 현재의 상태를 나타내므로 be informed는 타동사로서 "알고 있다" 로 번역이 된다.

be informed가 타동사이므로 목적어가 있어야 하는데 inform은 inform A of B형태로 사용되어 목적어가 of B가 된다.

전치사 of를 이용하여 어떤 단어를 목적어로 만들 수 있다.

정보가 보통 누군가에 의해서 간접의 형태가 전달됨으로

목적어가 간접적이라는 것을 나타내기 위해 전치사를 동원하여

간접의 형태로 목적어를 보여주고 있다.

이 문장에서 of가 없다면 우리는 그 정보를 우리가 직접 노력해서

알고 있다는 뜻이 되는데 이런 경우는 거의 없기 때문에
간접 목적어를 나타내는 of를 사용하게 된다.

in front of

☞앞에 그 기준은

 The bus stops **in front of** my house. (그 버스는 정차한다 앞에
그 기준은 내 집이다)

in memory of

☞기념하는 것은

The marathon began **in memory of** the soldier.
(이 마라톤은 시작됐다 기념하는 것은 그 병사)

in need

☞곤궁한

We have to help the people **in need.**
(우리는 해야만 한다 돕는 것을 그 사람들을 그 사람들은 곤궁하다)

in no uncertain terms

☞확실하게

in one's own right

☞자기 자신의 권한으로

She was rich **in her own right.**
(그녀는 부자였다 그녀 자신의 권한으로)

in her own right에서 in은 "내부에 가지고 있는" 의 뜻이므로
"내부에 가지고 있는 그녀 자신의 권한" 가 된다.
부자가 될 수 있는 권한을 내부에 갖고 있다는 뜻으로
부자가 되는 것이 당연하다는 그런 뜻이 있다.
Seoul is famous in its own right.
(서울은 유명하다 서울이 내부에 가지고 있는 것은 그 자신의 권한)

서울은 유명한 권한이 있어서 유명하다는 뜻이다.

in order to do

☞목적하고자 하는 바는

You have to prepare and exercise hard **in order to** pass the exam.

(네가 해야만 하는 것은 준비하고 운동하는 것이다 열심히
그 목적하고자 하는 바는 합격하는 것이다 그 시험에)

in order to do에서 order는 질서를 나타낸다. 이 말은 어떤 목적을
이루기 위해서는 순차적인 질서를 따라야 한다는 말인데 시험에
합격하려면 준비하고 운동한다는 순차적인 순서를 지켜야 그
목적을 이룰 수 있다는 뜻이 된다.

in other words

☞다른 말로 하면

I love her hair, **in other words**, her hair is beautiful.
(나는 사랑 한다 그녀의 머리카락을, 다른 말로 하면, 그녀의
머리카락은 아름답다)

in particular

☞특히, 특별한,

I'm talking about one person **in particular**.
(나는 얘기하고 있는 중이다 자세히 관련된 것은 한 사람인데
이 사람은 특별하다)

in place of A

☞대신사용하지 않는 것은 A다

We can use milk **in place of** cream.
(우리는 사용할 수 있다 우유를 대신사용하지 않는 것은 크림이다)

in pursuit of

☞쫓고 있는 것은, 추구하는 것은

The tiger is **in pursuit of** the dog.

(그 호랑이가 쫓고 있는 것은 그 개다)

쫓고 있는 것과 추구하는 것은 같은 말이다.

in relation to

☞관련된 것은

What is your favorite **in relation to** this job?

(무엇이냐 너의 좋아하는 것 관련된 것은 이 일)

in response to

☞반응을 요구한 대상은

The sports car was developed **in response to** customer demand.

(이 스포츠 카는 개발되어졌다 반응을 요구한 대상은 고객 요구)

여기서의 반응이란 개발을 말한다.

in reward of

☞보답 받은 원인은=as a reward for

He received a gift **in reward for** his effort.

(그는 받았다 한 선물을 이 보답 받은 원인은 그의 노력이다)

in search of

☞찾고 있는 것은

The birds flew **in search of** food.

(새들은 날았다 찾고 있었던 것은 음식이다)

inside out

☞뒤집어서

Turn a pair of pants **inside out**.

(방향을 바꿔라 한 벌의 바지를 뒤집어서)

in some ways

☞몇 가지 점에 있어

She is different **in some ways.**(그녀는 다르다 몇 가지 점에 있어)

instead of~

☞하지 않는 것은

선택해야 할 둘 중에서 하나를 포기하고 다른 것을 선택하는 것

Instead of using the car, he go to work by bus.(하지 않는 것은 이용하는 것이다 차를, 그는 가서 일한다 이용하는 것은 버스)

차와 버스 둘 중에서 차 이용을 포기하고 버스를 선택한 것

interfere with A

☞방해하는 것은 A다

Beverages served with meals **interfere with** digestion.

(음료가 있는데 이 음료는 제공된다 함께하는 것은 식사인데

이 음료가 방해한다 소화를)

interfere가 "간섭하다"의 뜻이고 with는 "관련"을 뜻하므로

함께 해석하면 "간섭하는데 관련있는 것은 A다"란 뜻이 됨으로

A를 간섭한다는 뜻이므로 A를 방해한다는 뜻이 된다.

in terms of A

☞제한적 범위가 A라면

In terms of price there is no comparison.

(제한적 범위가 가격이라면, 거기에는 어떠한 비교도 없다)

The natural world is conceptualized in terms of human social relations(2020수능영어 29번)

(이 자연세계는 개념화되어있다 제한적 범위가 인간 사회 관계라면)

in that

☞그 충분한 이유는

I am lucky **in that** I was born healthy.

(나는 운이 좋다 그 충분한 이유는 내가 태어났다 건강한 상태로)

in the course of

☞과정 중에 있는 것은

In the course of industrial development people often hurt nature.

(과정 중에 있는 것은 산업개발이고 그 와중에 사람들은 종종 해친다 자연을)

in the end

☞결국에

I will succeed **in the end.**

(나는 성공할 것이다 결국에)

in the event of = in case of

☞만약 ~한다면

In the event of the machine not operating, an error code will be displayed.

(만약 기계가 작동하지 않으면, 에러코드가 나타날 것이다)

in the future

☞미래에

in the same way

☞같은 방법으로

in the past

☞과거에

in this light

☞이러한 관점에서

Considered **in this light,** the agreement is not sustainable.
(고려되어진다면 이러한 관점에서, 그 협정은 아니다 지속적인 것)

in turn

☞번갈아 차례차례로, 결국

The people called their friends **in turn.**
(그 사람들은 전화했다 자신들의 친구들에게 번갈아 차례차례로)

The sweat which **in turn** lowers your body temperature
has the function of controling body temperature.
(그 땀은 결국 낮춘다 당신의 체온을 근데 그 땀은 가지고 있다
그 기능을 그 기능과 관련있는 것은 조절하는 것이다 체온을)
lowers는 동사로 "낮추는 것은" 의 뜻이다.

in vain

☞헛되이, 허사

The attempt was **in vain.**(그 시도는 상태였다 헛된 상태)
in은 into의 줄임말이 될 수 있다. into가 결과를 나타내는데
in도 결과를 나타낼 수 있다.
"그 시도는 상태였다 그 결과는 헛된 것"

it turns out that 주어+동

☞그것은 판명되었다 그것이란

It **turns out that** our house has mold.
(그것은 판명되었다 그것이란 우리의 집이 가지고 있다는 것이다
 곰팡이를)

jot down

☞급히 적다

I will **jot down** the address for her.

(난 급히 적겠다 그 주소를 이 주소에 적합한 것은 그녀)

judging from

☞판단의 출처는

Judging from the cloud's movement, it'll rain in the afternoon.

(판단의 출처는 구름의 움직임인데, 비올 것 같다 오후에)

just a minute

☞잠깐 동안

Wait **just a minute.**(기다려라 잠깐 동안)

a가 정해지지 않는 부정관사이므로 일분은 일분인데 정해지지

않은 일분이므로 20초가 될 수도 있고 58초가 될 수도 있다.

어쨌든 일분 범위 내에서 기다리라는 말이다.

just as

☞흡사히 비유할 수 있는 것은

We get our happiness **just as** the bee gets honey.

(우리는 얻는다 행복을 흡사히 비유할 수 있는 것은 벌이 얻는 것이

다 꿀을)

just in case

☞만약을 대비하는 것은

Just in case it rains, take an umbrella.

(만약을 대비하는 것은 비가 오는 것이다, 가져가라 한 개의 우산을)

just like

☞흡사히 비유할 수 있는 것은

You sounded **just like** your father.

(네가 들린다 흡사히 비유할 수 있는 것은 너의 아버지)

sounded는 주어가 말할 때 그 말소리가 들린다는 뜻이다.

just as와 just like의 번역은 같지만 그 뉘앙스는 틀리다.

just as는 모양이나 형태를 말하고 just like는 행동을 말한다.
그 돼지가 한 행동을 따라서 하겠다는 것이다.

keep a diary
☞일기 쓰다

keep an eye on
☞감시하다

You have to **keep an eye on** her.
(네가 해야만 할 일은 감시하는 것이다 그녀를)
keep은 "유지하다" on은 "표면에 집중해서 "라는 뜻인데
눈을 집중해서 놓으면 감시하라는 뜻이 된다.

keep A from B
☞유지하다 A를 분리된 것은 B다

I want to **keep** him **from** eating junk food.
(내가 원한다 할 일은 유지하는 것이다 그를 분리된 것은
먹는 것이다 정크푸드를)
from은 출처만을 나타내는데 출처만을 나타낸다는 것은 이미
출처에서 분리된 것을 나타낸다.

keep in touch with~
☞연락하는 것은

Social media makes it easier to **keep in touch with** your
friends.
(쏘셜 미디어가 만들어간다 그것을 더 쉽게 그것이란
연락하는 것이다 너의 친구)

keep A in mind
☞명심하다 A를

I'll **keep** that **in mind.**(내가 명심할 것이다 그것을)

어떤 것을 마음속에 유지하면 명심하는 것이다.

keep on
☞**계속하는 것은**

Don't **keep on** interrupting me!

(계속하지 않을 것은 방해하는 것이다 나를)

Keep은 "유지하다"의 뜻이고 on은 접촉으로 계속을 나타낸다.

keep up with
☞**따라잡다**

You can't really **keep up with** me.

(넌 실제적으로 따라 잡을 없어 나를)

keep은 "유지하다"이고 up은 "최선을 다해서 끝까지"란 뜻이고 with는 "함께하는 것은"의 뜻으로 이 세 가지의 뜻을 합하면 "따라 잡다"의 뜻이 된다.

knock over
☞**때려 쓰러뜨리다, 털다**

I wanted to **knock over** a liquor store.

(나는 원했다 할 일은 쓰러뜨리는 것이다 술가게)

knock은 "때리다"의 뜻이고 over는 포물선을 그리면서 넘어가는 모습을 표현하는데 이 둘의 뜻을 합치면
무엇인가를 때렸을 때 그 무엇인가가 포물선을 그리면 넘어가는 모습을 나타낸다. 그래서 "때려 쓰러드리다"가 된다.

She wanted to **knock over** the bank.

(그녀는 원했다 할 일은 터는 것이다 그 은행을)

laugh at
☞**비웃다**

Don't **laugh at** her.(하지마세요 비웃는 것을 그녀를)

laugh는 "웃다" 이고 at은 한 점을 표현하는데 이 둘이 합치면 "어떤 한 점에 집중해서 웃다" 가 되므로 비웃다가 된다.

lay about

☞눕힌다 주변을 안에 있는 것은

Don't **lay about** someone with a rod.

(눕히지 마라 주변을 안에 있는 것은 어떤 사람이고 가지고 있는 것은 막대기)

lay out

☞배치하다

lay-laid-laid(놓다)

도면이나 배치도를 끝까지 펼쳐 놓는다는 뜻이므로 배치하다의 뜻이 나오게 된다.

I want to **lay out** the plan.(나는 원한다 앞으로 하는 것은 배치하는 것이다 그 계획을)

lead to

☞(결과적으로) 야기시키다, (주어의 결과)결국 ~이 되다

이어져서 도착한 곳은

Eating too much sugar can **lead to** health problem.

(먹는 것 지나치게 많은 설탕을 야기시킬 수 있다 건강 문제를)

Excessive drinking can **lead to** stomach disorders.

(지나치게 술을 마시면 될 수 있다 결국 위장 장애로)

주어에 추상명사가 오면 조건으로 번역하는 경우가 매우 많다.

A poor diet can **lead to** illness.

(상당히 심각한 식이요법을 하면 될 수 있다 결국 질병으로)

부정관사 a가 하나, 둘 셀 수 있는 뜻이 아니면 정할 수 없는 부정관사의 원리대로 "상당히" 라고 번역된다.

A path **led to** the farmer's gate.

(하나의 길이 이어져서 도착한 곳은 그 농부의 문)

leave out

☞생략하다 =omit

We can **leave out** this relative pronoun.

(우리는 생략할 수 있다 이 연결대명사를)

연결대명사는 관계대명사를 말한다.

let down

☞실망시키는 것은, (자연의 힘에 의해)내리는 것은

Don't let me down.(하지마라 실망시키는 것을 나를)

down은 "아래로" 의 뜻인데 기분이 아래로 내려간다는 것은

실망하다의 뜻이 된다.

The chopper **let down** a rope ladder.

(그 헬기는 내렸다 어떤 로프 사다리를)

자연의 힘에 의해 내려지는 경우를 말한다.

let go of

☞놓아주는 것은

It's time to **let go of** your past.

(그것은 시간이다 그것이란 놓아 주는 것이다 너의 과거를)

let go of는 잡고 있던 손에서 놓아주다는 느낌이다.

less than

☞미치지 못하는데 그 기준은

They have broken the rule for **less than** 10 years.(그들은 어겨오고 있다 그 규칙을 그것은

미치지는 못하는데 그 기준은 10년이다)

less A than B

☞조금 A하는데 더 많은 것은(더 심한 것은) B이다.

than은 비교를 나타내는데 사용하는데 비교란 상대적인 개념이다.

less가 "덜"의 뜻이면

than은 상대적으로 더 많다는 뜻이 된다.

She was **less scared than** surprised.(그녀는 조금 무서웠지만 더 심한 것은 놀라는 것이었다)

무서웠다기 보다는 오히려 놀랐다.

let off A

☞발산하는 것은 A

I need to **let off** stress.(내가 필요로 하는 것은 발산하는 것이다 스트레스를)

be likely to do

☞가능성 높게 to do할 것 같다.

Many people **are likely to** be worried. (많은 사람들이 가능성 높게 걱정할 수 있을 것 같다.)

listen to A

☞귀 기울여야 하는 것은 A

Don't **listen to** the music.(귀 기울지 말아야 할 것은 그 음악)

little by little

☞조금씩 조금씩

little less than

☞극히 조금 덜하다 그 기준은

It is **little less than** murder.

(그것이 극히 조금 덜하다 그 기준은 살인이다)

Little less than 2000

(극히 조금 덜하다 그 기준은 2000)

little more than

☞극히 조금 더 많다 그 기준은

I have **little more than** 10,000 won.

(난 가지고 있다 극히 조금 더 많이 그 기준은 만원)

만원보다 십 원 정도 더 많은 만 십 원을 가지고 있다는 뜻이다.

a little more than

☞약간 조금 더 많다 그 기준은

I have **a little more than** 10,000 won.

(난 가지고 있다 약간 조금 더 많은 그 기준은 만원)

만원보다 천 원정도 더 많은 만 천원을 가지고 있다는 뜻이다.

look after

☞돌보다

It's more like I'm **looking after** him.

(그것이 더 가깝게 느껴지는 것은 내가 돌보고 있다는 거에요 그를)

more like는 전치사이고 I'm looking after him는 명사절로서 전치사의

목적어이고 전체적으로 하나의 전명구로서 형용사구가 된다.

more like는 "더 가깝게 느껴지는 것은" 으로 번역한다.

look down one's nose at

☞업신여기는 것은

She **looks down her nose at** her poorer relatives.

(그녀가 업신여기는 것은 자신보다 더 가난한 친척들이다)

look for A

☞찾고 있는 것은 A

look for는 찾고 있는 과정을 나타내고 find는 찾은 결과를 나타낸
다.

I will **look for** another job.

(난 할 것이다 찾는 것은 또 다른 직업)

for는 어떤 방향 쪽으로 서있는 것을 말한다. 또 다른 직업을 향해서 서있다는 것은 그 직업을 찾는 것이다.

I was **looking for** another job, and I found my job at last.

(난 찾고 있는 중이었다 또 다른 직업을 그래서 찾았다 나의 직업을 마침내)

look forward to~ ing

☞기대하는 것은

look forward to~ ing에서 to는 전치사다

I'm really **looking forward to working** with you.

(나는 정말로 기대하고 있다 일하는 것은 함께 하는 것은 당신)

look into A

☞조사하다

look자체의 뜻은 "자세히 보다" 는 뜻이다.

자세히 안으로 들어가서 도착한다는 뜻은 "조사하다" 는 뜻이다.

Look into my eyes.(자세히 보아라 안으로 들어가서 도착한 것은 내 눈이다)

I ask that you **look into** this matter.(나는 간청합니다 당신이 조사하는 것 이 문제를_

look like

☞아주 비슷하게 보이는 것은

look은 눈으로 보이는 것을 말하고 seem은 상황등으로 미루어 짐작할 때 쓰인다.

People often **look like** their pets.

(사람들은 종종 아주 비슷하게 보인다 그들의 애완견들과)

You **look like** you're pretty well.
(당신이 아주 비슷하게 보이는 것은 당신이 꽤나 건강한 것)
눈으로 보기에 건강하게 보인다는 것이다.
(참고)You seem like you're pretty well.
(당신이 아주 비슷하게 보이는 것은 당신이 꽤나 건강한 것)
당신의 행동이나 말투등을 보았을 때 당신이 건강해보인다는 뜻이다

look out A
☞**밖을 보다, 주의하다**

out가 명사로 쓰이면 "밖" 이라는 뜻이다.

Look out.(보아라, 밖을), out은 눈에 보이지 않는 "끝까지"란 뜻이다.

Look out! There's a car coming.
(주의해라, 거기에는 한 차가 있는데 그 차가 오고 있는 중이다)
눈에 보이지 않는 끝까지 보라는 뜻이므로 "주의하다"의 뜻이 된다.

look over A
☞**검토하다**

자세히 보는데 그 위치가 위고 아래에 있는 것은 A이다는 뜻인데 위에서 보는 것이므로 "검토하다"는 뜻이 된다.

We will **look over** your proposal.(우리는 할 것이다 검토하는 것 너의 제안을)
위에서 전반적으로 보는 것은 사실 대충 본다고 할 수 있다.
따라서 예습하다, 훑어 보다는 뜻도 있다.

look to
☞**기대하는 것은, 유의해서 보는 것은**

They **look to** peace.(그들이 기대하는 것은 평화다)

look은 자세히 보다 "이고 to는" 도착해서 고착하는 것 "을 나타내는데 자세히 봐서 그 눈이 어떤 물체에 딱 달라 붙어서 고착하게 되면 그 물체를 자세하 보는 것이다. 자세히 보는 이유는 무엇인가를 기대하기 때문이다.

Obama asked the American public to **look to** the education of South Korea.

(오바마는 부탁했다 전체 미국 사람들이 유의해서 보아야 할 것은 교육 이 교육과 관련 있는 것은 한국)

look up

☞**올려다 보다, 존경하다**

Don't **look up** there.(올려다 보지 마라 그곳을)

You should **look up** your parents.

(너는 당연히 해야 한다 존경하는 것을 너의 부모님들을)

look up to

☞**존경하는 것은**

I used to **look up to** my grandmother.

(나는 하곤 했다 존경하는 것은 내 할머니다)

a lot of, lots of

☞**많은**

a lot of, lots of, plenty of + 복수보통명사, 물질명사, 추상명사

a lot of, lots of, plenty of뒤에는 단수보통명사를 제외한 모든 명사가 온다. 번역은 "많은"의 뜻이다.

a lot of students, lots of love, lots of flowers

major in

☞**전공한 것은**

I **majored in** Math.(난 전공했다 수학을)

make a fortune

☞돈을 모으다

He **made a fortune** in agriculture.

(그는 돈을 모았다 그 범위는 농업)

fortune이 "재산" 이라는 뜻인데 부정관사 a가 있어서 그 정도를 알 수 없다는 뜻이므로 a를 "상당한" 으로 번역하면 "상당한 재산" 이란 뜻이 된다.

make a habit of A

☞습관이 되다 관련 있는 것은 A

Make a habit of getting up early.

(습관이 되어라 관련 있는 것은 일어나는 것이다 일찍)

make가 "만들다" 의 뜻으로 습관을 만든다는 것이고 관련 있는 것은 일찍 일어난다는 것이다.

make a mistake

☞실수하다

You **made a mistake.**(너는 실수했다)

make fun of

☞놀리는 것은

Were you guys **making fun of** Tom?

(너희 가이들 놀리는 거니 탐을)

make oneself at home

☞편히 쉬세요

Lie down and **make yourself at home.**

(누워서 편히 쉬세요)

make room for A

☞만들다 자리를 그 자리에 적합한 것은 A

Would you please **make room for** my friend?

(해주실 수 있으신가요 제발 만들어 주세요 자리를 이 자리에
적합한 것은 제 친구입니다)

make sense

☞**타당하다, 이치에 맞다**

Your words does not **make sense.**

(너의 말은 되지 않는다 이치에 맞는 것)

make the grade

☞**만들다 그 등급에, 성공하다**

About 30% of students fail to **make the grade.**

(약30%의 학샐들이 실패한다 무엇하는 것에 만드는 것에 그 등급)

그 등급이 누구나 원하는 삶의 등급이라면 그 등급을 만들었다는
것은 성공했다는 뜻이 된다. 또는 그 등급에 도착했다는 뜻도 된다.

make out

☞**알아내다, 만들어내다, 잘해내가다**

I can't **make out** what he wants.

(나는 알아낼 수 없다 무엇을 그가 원하는 지를)

She **made out** a will.(그녀는 만들어 냈다 한 유언장을)

make가 만들다는 뜻이고 out가 "끝까지"의 뜻이므로 만들어내는
데

끝까지 만들어 내다는 뜻으로 작성할 때 완전히 끝까지
작성하라는 뜻이 된다.

I am worried that my son will make out without me.

(나는 걱정한다 내 아들이 잘해내갈지 없는 것이 나다)

make up for

☞**보상하는 것은**

He hurried to **make up for** the loss.

(그는 서둘렀다 그 목적은 보상하는 것이었다 그 손실을)

make use of

☞**활용하는 것은**

이용하는 것이 아닌 효율적으로 이용하는 것이므로

활용하다" 가 된다.

Make use of your talent.(활용해라 너의 재능을)

make the bed

☞**잠자리를 정리하다**

Jane, how about **making the bed.**

(제인, 어떻겠니 잠자리를 정리하는 것이)

make room for

☞**양보하다 위하는 것은, 만들다 자리를 적합한 것은**

Please, **make room for** my friend.

(부탁합니다. 양보해주세요 위하는 것은 제 친구)

Make room for the new furniture.

(만들어라 자리를 적합한 것은 새 가구)

make sense

☞**말이 되다**

 This sentence **makes sense.**(이 문장은 말이 된다)

make sure

☞**확인하다, 확실하게 하다**

Make sure the radio is off.

(확실하게 해라 그 라디오가 꺼져있는지)

Make sure the chair is anchored.

(확실하게 해라 그 의자가 고정되도록)

make the most of

☞최대한으로 이용해보는 것은

Let's **make the most of** it.

(자, 최대한으로 이용해보자 그것을)

make up

☞구성하다, 화해하다, 보충하다(보상하다, 만회하다)

make는 "만들다" 이고 up은 아래에서 위로 차곡차곡 쌓아 올라가는 뜻이다.

We need one more person to make up a team.

(우리는 필요로 한다 하나의 더 많은 사람을 그 목적은 구성하는 것이다 한 팀을) 한 사람 한 사람 쌓아 올려서 팀을 만드는 것이므로 구성하다가 된다.

Why don't you make up?(권유한다 화해를)

싸워서 땅바닥에 놓여져 있는 감정을 차근 차근 쌓아 올리므로 화해하다의 뜻이 된다.

Can I leave early this afternoon and **make up** the time tonight?

(해도 되나 내가 떠나는 것 일찍 오늘 아침 그 이후 보충하다 그것을 오늘 밤에)

make up one's mind

☞결심하다 to do할 것을

I **make up my mind** to be rich.

(나는 결심하고 있다 부자가 될 것을)

make use of A

☞이용하는 것은 A

Make use of the information.(이용하시오 그 정보를)

may well

☞당연하게 ~할 가능성이 있다.

may well에서 well은 easily(편안함)를 나타낸다. 편안하다는 것은 쉽다는 것을 나타내며 쉬우면 당연히 일을 잘한다.

She **may well** win.(그녀는 당연하게 이길 가능성이 있다)

You **may well** think so.(네가 당연히 생각하는 것 그렇게 가능성이 있다)

may as well

☞(현 상황에서) ~하는 편이 낫다

You **may as well** go to bed.

현 상황에서(너는 잠자러 가는 편이 낫다)

be meant to do

☞(반드시)예정되어 있는 것은, 하기로 되어 있는 것은

Between 300 and 400 old houses **are meant to** be exploded.

(양쪽에 있는 것은 300과 400사이인데 이 300과 400사이의 구옥들이 (반드시)예정되어 있는 것은 폭파되는 것이다)

mess up

☞엉망으로 만든 것은

I have **messed up** this exam.

(내가 앞서 엉망으로 만들었다 이 시험을)

might as well do

☞차라리~ 하는 게 낫다

기왕 이렇게 된 거 차라리 ~하는 게 낫다는 뜻임.

I **might as well** get some sleep now.

(나는 차라리 약간 잠자는 것이 낫다 지금)

more like

☞더 가깝게 느껴지는 것은

It smells **more like** coffee.

(그것은 냄새가 난다 더 가깝게 느껴지는 것은 커피)

그 냄새는 오히려 커피 냄새에 가깝다는 뜻이다.

more than A

☞더 많이 그 기준은 A, 훨씬

People can see **more than** 40 flowers there.

(사람들은 볼 수 있다 더 많은 그 기준은 40개의 꽃 거기에서)

여기서의 more than은 명사 40flowers앞에 있으므로 형용사다.

It was **more than** successful. (그것은 상태였다 훨씬 더 성공적인)

여기서의 more than은 부사이다. 왜냐하면 형용사 successful앞에 왔기 때문이다)

I love you **more than** her.

(나는 사랑한다 너를 더 많이 그 기준은 그녀다)

better than A

☞더 좋다 그 기준은

I like sea **better than** mountain.

(나는 좋아한다 바다를 더 많이 그 기준은 산)

better than은 quality(질)을 비교하는 것이고 more than은 quantity(양)을 비교하는 것이다.

more A than B

☞더 많이 A하다 그 기준은 B다

than은 비교를 나타내기 위해 사용되는데 비교란 상대적인 개념이다. more가 "더 많은"의 뜻이면 than은 상대적으로 덜하다는 뜻이 된다.

She is **more** pretty **than** her sister.

(그녀는 더 많이 예쁘다 그 기준은 언니이다)

my pleasure

☞도움이 되어 기뻐요

needless to say

☞말할 필요 없이

Needless to say, the medicine works well.

(말할 필요 없이, 그 약은 효과 있다 잘)

a number of

☞셀 수 없이 많은, 얼마간의

a number of+복수보통명사

 a number of는 문맥에 따라서 두 가지 정도로 번역될 수 있다.

 a는 부정관사로서 뒤의 명사의 한계를 정할 수 없는 부정관사이다.

　(1) 셀 수 없이 많은 **a number of** fishing boats(
　　　셀 수 없는 어선들)

　　명사의 한계를 정할 수 없으므로 "셀 수 없는" 의 뜻이다.

　(2) 얼마간의(some) a number of fishig boats.(몇 척의 어선
들)

　　　뒤에 있는 명사가 얼마큼 있는 지 알 수 없다는 뜻인데

　　　뒷 명사가 몇 개 안 될 수도 있다.

neither A nor B

☞포함하지 않는 것은 A와 B이다.

He ate **neither meat nor** fish.(그는 먹는데 포함하지 않는 것은
고기와 생선이다)

no later than

☞늦어도 ~까지는

Call me **no later than** 9 o'clock.

(전화해 나에게 늦어도 9시까지는)

no less than

☞자그마치

No less than two-hundred deaths resulted from the accident.

(자그마치 200명이상의 죽음이 결과적으로 발생했다 그 출발원인인 사고다)

not less than

☞적어도

Not less than 10 people came to the party.(적어도 10명의 사람들이 왔다 그 파티에)

no longer

☞더 이상 ~아니다

no longer는 형용사, 부사가 될 수 있다.

He was **no longer** master.(그는 더 이상 주인이 아니었다.)

master앞에 있으므로 형용사이다.

The ticket was **no longer** valid.(그 티켓은 더 이상 유효하지 않다)

형용사 valid앞에 있으므로 부사이다. no longer=not ~any longer

The ticket was **not** valid **any longer**.

(그 티켓은 아닌 상태이다 유효한 조금이라도 더 이상)

no more than

☞겨우=only

No more than 10 people came to the party.

(겨우 10명의 사람들만이 왔다 어디에 그 파티에)

to는 "누구에게, 무엇에게", "무엇까지"로 번역한다.

not more than

☞기껏해야=at most

Not more than 10 people came to the party.(기껏해야 10명의 사람들만이 왔다 그 파티에)

no matter what

☞어떠한 문제도 없다 무엇이든지 간에

No matter what you find, I'm not scared. (어떠한 문제도 없다 무엇이든지 간에 네가 찾아도, 나는 무섭지 않다)

no matter who

☞ 어떠한 문제도 없다 누구든지 간에

No matter who you are, you deserve to receive my support. (어떠한 문제도 없다 누구든지 간에, 너는 받을 자격이 있다 나의 지원을)

no matter when

☞어떠한 문제도 없다 언제든지 간에

 No matter when you sleep, you have to do your homework. (어떠한 문제도 없다 언제든지 간에 너는 해야만 한다 너의 숙제를)

no matter where

☞어떠한 문제도 없다 어디든지 간에

 No matter where you go, I'll follow you.(어떠한 문제도 없다 어디든지 간에 네가 간다 해도, 나는 따를 것이다 너를)

no matter how

☞어떠한 문제도 없다 어떻든지 간에

No matter how delicious the food is, it's too expensive to eat. (어떠한 문제도 없다 어떻든지 간에 그 음식이, 그 음식은 지나치게 비싸다 먹기에)

no more A than B

☞더 이상 아니다 A가 마찬가지로 아닌 것은 B이다

A whale is **no more a fish than** a horse (is a fish).

(고래는 더 이상 아니다 물고기가 마찬가지로 아닌 것은

말이 물고기라는 것이다)

no other than, no other A than

☞유일한 (것은), 유일한 A는

I need **no other than** your hand.

(나는 필요하다 유일한 것은 너의 도움)

There is **no other** way **than** that. (거기에는 있다 유일한 방법은

그것이다) no other는 어떠한 다른 것도 없다는 뜻인데 어떠한 다른

것도 없으므로 기준이 되는 than은 번역할 필요없이 "은(는)"으로

번역한다.

none other than

☞다름 아닌 바로

It's **none other than** Tom. (그것은 다름 아닌 탐이다)

nor

☞역시 동사 안 한 것은

He was not present, **nor** was I.

 (그는 출석 안했다 역시 출석안 한 것은 나였다)

He has no father **nor** mother. (그는 가지고 있지 않다 아버지를

역시 가지고 있지 않는 것은 어머니다)

none the wiser

☞설명을 들어도 여전히 이해하지 못하는

She is **none the wiser**.(그녀는 상태이다 여전히 이해를 못하는

wiser이다) wiser이 "지혜자" 인데 none the wiser이므로

전혀 이해하지 못하는 지혜자" 란 뜻이다.

not A but B

☞아니다 A가 B다

The car is **not** mine **but** yours.

(이 차는 아니다 내 것이 너의 것이다)

not A any more than B

☞아니다 A가 차라리 가능한 것은 B다

A whale is **not** a fish **any more than** a horse (is a fish). (고래
는 아니다 물고기가 차라리 가능한 것은 말이 물고기라는 것이다)

not only A but also B

=not just A but also B

☞ 일반적으로는 A이지만 그 외에 포함하는 것은 B다

He eats **not only** rice **but also** noodle.(그는 먹는다 일반적으로는
밥이지만 또한 포함하는 것은 국수다) not only에서 "only가
아니다" 란 뜻은 "일반적으로는" 이란 뜻이고 but also는
 "그렇지만 또한 "이란 뜻은 " ~지만 또한 포함하는 것은"이란
뜻이다.

nothing but

☞유일한 것은

nothing but은 두 번 부정하고 있으므로 "유일한 것은" 으로 번역
된다.

I'll study **nothing but** English.

(나는 공부할 것이다 유일한 것은 영어다)

nothing less than

☞결코 적지 않은, 바로

It's **nothing less than** love.(그것이 바로 사랑이다)

그것은 결코 적지 않은 사랑이란 뜻이다.

여기서 "바로" 는 명사 앞에서 명사를 꾸미는 형용사다.

notify A of B

☞알리다(통지하다) A에게 관련된 것은 B를

목적어를 나타낼 때는 목적격 of를 사용한다.

notify a person **of** one's address

(알리다 어떤 사람에게 관련된 것은 주소를)

not to mention

☞말할 필요도 없는 것은

not to mention다음에 mention의 목적어절이 올 수 있다.

She must make some money for food, **not to mention** that she is married with a daughter.

(그녀는 반드시 만들어야 한다 어느 정도의 돈을 그 목적은 식료품, 말할 필요도 없는 것은 그녀는 결혼한 상태이고 데리고 있는 것은 어떤 딸)

not to mention은 전치사로도 쓰인다.

I have two big houses in the island, not to mention my villa in Korea.

(난 갖고 있다 두 개의 큰 집을 그 내부적인 위치는 그 섬, 말할 필요도 없는 것은 내 빌라 그 위치는 코리아)

not to mention은 부사로도 쓰인다.

She is smart and pretty;**not to mention** cute.

(그녀는 스마트하고 게다가 예쁘다 말할 필요도 없는 것은 귀여움)

now and forever

☞앞으로도 쭉

I will love you **now and forever**.(난 사랑할 것이다 너를 앞으로

도 쪽)

object to

☞반대한다 그 기준은

I **object to** your smoking.(나는 반대 한다 기준은 네가 흡연하는 것이다) 전치사 to는 기준을 나타낸다.

of course

☞물론

on behalf of, on one's behalf

☞대신하는 것은, 대변하는 것은

on behalf of는 선택의 의미는 없고 글자 그대로 누구를 위해서 대신하는 것이다. 한글에서 "대신에"라는 뜻은 on behalf of를 써야 한다.

He will get the prize **on behalf of** his wife.

(그는 받을 것이다 상을 대신하는 것은 그의 부인)

He is speaking **on behalf of** us.

(그는 연설하고 있는 중이다 대변하는 것은 우리다)

He did the hard work **on my behalf.**

(그는 했다 그 힘든 일을 대신한 것은 나다)

(instead of 와 비교)

instead of는 "다른 것 대신"의 뜻이 있는데 이것은 선택의 의미가 있다.

He is playing instead of working.(그는 놀고 있는 중이다 하지 않는 것은 노는 것이다) 노는 것과 일하는 것은 선택할 수 있는데 그 중에서 일하는 것을 포기하고 노는 것을 선택했다는 뜻이다.

(for와 비교)

for는 원래 있던 곳을 다른 것으로 대신한다는 의미이다.

Can I use this knife for the gun?

(사용해도 되나요? 이 칼을 대신하는 것은 총입니다)

원래 총이 있는데 이 총 대신에 칼을 이용할 때 for를 사용 한다 .

on foot

☞**도보로**

I go to work **on foot**.(난 다닌다 목적은 일하는 것인데 도보로)

　on은 접촉인데 on의 접촉 아래에 있는 것에는 하중이 집중되어 큰 부담이 된다. 위에서 누르고 있는 입장에서는 아래에 있는 것에 의지가 된다. 결국, 발에 의존해서 회사에 다닌다는 뜻이다.

only so much, only so many

☞**단지 제한된 ～만**

There is **only so much** I can do.

(거기에는 있다 겨우 그 정도 근데 그 정도를 나는 할 수 있다)

only의 원 뜻은 "오로지" 로서 유일한의 뜻인데 이 뜻이 은유적으로 보면 유일하기 때문에 "겨우" 라는 뜻이 나오며 "단지" 라는 뜻도 파생되게 된다.

on one's way home

☞**집에 가는 도중에**

On my way home, I met my friend of mine.(집에 가는 도중에, 나는 만났다 내 친구를 근데 그 친구가 속한 것은 내 친구들)

on one's own

☞**나의 힘으로**

I'm going to raise money **on my own.**

(나는 할거야 마련하는 것을 돈을 내 힘으로)

내 힘에 의존한다.

on one's terms

☞자신이 원하는 방식으로

I want to live **on my terms**.

(나는 원한다 할 일은 사는 것이다 내가 원하는 방식대로)

on은 "의지"를 나타내고 terms는 "말하는 방식"을 나타내므로

이 두 가지를 합하면 "내가 의지하는 방식으로"란 뜻이 된다.

on the basis that 주어＋동사

☞근거로 삼는 것은

Free trade is a real economic success **on the basis that**
a free market will tend to produce goods efficiently.

(자유무역은 상태이다 상당히 실제적인 경제 성공이라는 것인데
근거로 삼는 것은 자유 시장이 경향을 띠는 것은 생산해 낸다는
것이다 제품들을 효율적으로)

on the fly

☞즉석에서

I can't answer anything **on the fly**.

(나는 할 수 없다 어떠한 것도 즉석에서)

on the other hand

☞한편으로는 , 반면에

Blue color, **on the other hand**, symbolizes peace.

(푸른 색은, 한편으로는, 강조한다 평화를)

on the other side of A

☞반대편에 있는 것은 A다

I work **on the other side of** town.

(나는 일한다 반대편에 있는 것은 도시다)

on the phone

☞전화상으로

Let's talk about it **on the phone.**

(자, 얘기하자 자세히 관련된 것은 그것 전화상으로)

on the pretext of

☞**구실로 삼은 것은**

He wasn't on hand **on the pretext of** being ill.

(그는 참석하지 않았다 구실로 삼은 것은 아프다는 것이다)

be on hand는 "참석하다"의 뜻이고 participate는 어떤 특별한 초대 행사 등에 참석하는 것을 말한다.

on the same page

☞**이해하는 내용이 같다**

They're **on the same page with** the matter.

(그들은 이해하는 내용이 같다 관련된 것은 그 문제)

on time

☞**정각에**

on은 접촉을 나타내는데 어떤 정해진 시간에 접촉된다는 뜻이므로 "정각에"란 뜻이 된다.

He will come back **on time.**(그는 돌아 올 것이다 정각에)

on vacation

☞**휴가 중에**

on이 "계속" 뜻으로 휴가가 계속되는 것이므로 "휴가 중에"이다.

once upon a time

☞**옛날에**

one by one

☞**하나씩 하나씩**

People left **one by one.**(사람들이 떠났다 하나씩 하나씩)

other than

☞주로 포함하는 것은

When they gets around at night, they rely on senses **other than** sight.

(언제냐하면 그들이 이동해서 돌아다닐 때 그 때는 밤이고, 그들은 의지한다 감각에 주로 포함하는 것은 시력이지만) get은 이동하다는 뜻이 있다.

☞(부정문에서) 유일하게 동사하는 것은

I don't know any American people **other than** you.

(나는 모른다 단 한 사람의 미국사람도 유일하게 아는 것은 당신이다)

otherwise

☞동사하지 않는다면

My parents lent me the money, **otherwise** I couldn't have afforded the trip.

(부모님이 빌려주었다 내게 그 돈을, 빌려주지 않았다면 나는 감당할 수 없었을 것이다 그 여행을)

out of date

☞구식의

an out-of-date cooking licence(구식의 요리 자격증)

out-of-date가 형용사로 사용되었다.

These figures are **out of date**.

(이 수치들은 상태이다 뒤떨어져 있다.)

out-of-date가 보어이고 품사는 형용사다.

out of the blue

☞갑자기

I am sorry to drop in on you **out of the blue**.

(내가 미안합니다 무엇하기에 찾아와서 당신을 갑자기)

 out of the blue는 맑은 하늘에 번개가 치는 비율처럼 갑자기를 말한다.

owing to

☞그 이유는

The game was cancelled **owing to** the rain.

(그 경기는 취소되었다 그 이유는 비)

participate in

☞참가하는 데 그 내부적인 위치는, 참가하는데 그 때는

The man **participated in** the 2006 Torino Games.

(그 남자는 참가했는데 그 때는 2006 토리노 경기)

participate in은 어떤 행사 등에 참석하는 것을 말한다.

pass away

☞돌아가시다

pass는 "지나가다" 이고 away는 "멀리" 의 뜻이므로 "돌아가시다" 의 뜻이 된다.

She **passed away** last year.(그녀는 돌아가셨다 작년에)

pass down

☞물려주는 것은

I will **pass down** my house to my son.

(난 물려줄 것이다 나의 집을 누구에게 나의 아들에게)

the illness **passed down** from the ancestors

(그 질병은 물려받은 것이다 출처는 전체 조상들)

pay attention to A

☞주의할 것은 A다

주의를 지불하는데 그 도착점은 A다.

Pay attention to what I'm saying.

(주의할 것은 무엇이냐하면 내가 말하는 것)

persist in

☞(계속하는 것을)고집하다

She persist in her project.(그녀는 고집한다 그녀의 프로젝트를)

play a role in

☞역할을 하는데 언제냐 하면 그 때는

The media plays a role in influencing people's opinion.

(미디어는 역할을 하는 데 언제냐 하면 그 때는 영향을 주는 것이다
사람들의 의견에)

pick out

☞골라 집어내다

I want for you to help me pick out a watch.

(나는 원한다 네가 할 일은 돕는 것이다 내가 골라 집어내는
것을 한 시계를)

pick는 "집다" 이고 out은 "눈에 보이지 않는 곳까지" 라는 뜻으로
"끝까지" 라는 뜻이다.

pick up

☞집어 드는 것은 A다

무엇인가를 집어 드는 것은 태우는 것과 같은 뜻이다.

She bent down to pick up her glove.

(그녀는 구부렸다 그래서 집어 들었다 그녀의 장갑을)

☞태우는 것은 A다

Will you pick up me at 5:00 pm.

(해 주겠니 태워주는 것은 나다 정확한 시각은 5시 오후)

☞다시 시작하다

Let' s **pick up** where we left off yesterday.

(자, 다시 시작하다 어디서냐 하면 우리가 중단한 곳이다 어제)

pig in the middle

☞사이에 낀 난처한 사람

The old man has become a **pig in the middle.**

(그 노인네는 이미 되었다 사이에 낀 난처한 사람이)

pin down

☞핀으로 찔러서 아래로, 명확하게 규정하는 것은

She tried to **pin him down**, but he resisted.

(그녀는 노력했다 핀으로 찔러서 그를 아래로, 그렇지만 그는 저항했다) 핀으로 찔러 고정시켜 아래로 내려놓으면 꼼짝 달싹 못하게 된다. 어떤 사상이나 개념을 핀으로 찔러서 아래로 내려놓으면 그 사상이나 개념을 명확하게 규정하는 것이다.

The cause of being poor is difficult to **pin down.**

(이 원인 이 원인가 관계있는 것은 가난하다는 것인데 이 원인은 어렵게 무엇하기에 규정하기에)

to pin down의 pin의 목적어는 The cause이고 to pin down은 형용사 difficult를 설명하는 부사다.

piss off

☞화나게 하다, 꺼지다

piss는 "오줌 싸다" 란 뜻이고 off는 떨어지는 것을 말한다. 즉, 오줌 싸서 떨어지게 하는 것을 말한다. 상대방에게 오줌싸서 떨어지게 한다는 뜻으로 상대방을 화나게 한다는 뜻이 된다.

Don't **piss off** her.(화나게 하지 말아라 그녀를)

It's time to **piss off.**(그것은 시간인데 그것이란 꺼지는 것이다)

point out

☞지적하다

I'm **pointing out** that he is innocent.

(난 지적하고 있는 중이다 그가 죄가 없다는 것을)

point가 가리키다" 이고 out은 "끝까지" 란 뜻이므로 가리키기는
가리키는데 끝까지 가리키므로 지적하다란 뜻이 된다.

present A with B

☞주다 A에게 소유하고 있던 것은 B

The man **presented** the girl **with** a gold watch.

(그 남자는 주었다 그녀에게 소유하고 있던 것은 금시계이다)

prevent A from B

☞막아라 A를 분리시킬 것은 B 다

Close the door to **prevent** the wind **from** entering the room.

(닫아라 그 문을 그래서 막아라 그 바람을 분리시킬 것은 들어오는
것이다 방으로) entering의 주어는 the wind다.

prior to

☞미리~전에

I'll call you **prior to** my departure.

(전화할게 너에게 미리 내 출발 전에)

provide A with B

☞공급하다 A에게 재료는 B다.

They **provide** us **with** milk.

(그들은 공급한다 우리에게 재료는 우유다)

provide은 전형적인 3형식 동사이다.

따라서 They provide us milk.(X)처럼 4형식 동사로 쓰면 안 된다.

pull over

☞(한 쪽으로 차를)세우다

Pull over.(차를 세워라)

put away

☞치우다

놓긴 놓는데 멀리 놓는다

Put her **away**.(치워라 그녀를)

사실 이 숙어는 숙어가 아니고 단지 단어의 조합에 불과하다.

put on

☞입다

Put on your jacket.(입어라 너의 재킷을)

put down

☞내려놓다

"놓는데 아래로" 이므로 "내려놓다" 가 된다.

Put the umbrella **down**.(놓아라 그 우산을 아래로)

put off

☞연기하다, 싫어하게 만드는 것은

We can't **put** it **off** forever.

(우리는 할 수 없다 연기하는 것 그것을 평생 동안)

It kind of **put** me **off** desserts.

(그것은 좀 놓고 있다 나를 떨어지게 한 것은 디저트)

나를 떨어지게 하는 것은 싫어하게 만드는 것이다.

put on

☞입다

Why don't you **put on** the coat?(왜 한 하니 입는 것을 그 코트)

(비교)I wear this coat.(난 입고 있다 이 코트를)

put on은 접촉전치사 on을 사용했는데 이것은 입는 동작을 나타내고 wear는 현재 입고 있는 상태를 나타낸다.

put out
☞끄다, 출판하다(앨범을 내다), 내다 버리다

You have to **put out** the fire.

(내가 해야만 하는 것은 끄는 것이다 그 불을)

put out은 급한 불을 끄는 것을 말하는데 급한 불에는 급한 용무도 포함된다.

I am busy **putting out** fires.(나는 바빠 끄는 것은 급한 용무야)

She has **put out** her first album.

(그녀는 이미 출판했다 그녀의 첫 번째 앨범을)

출판하다와 앨범을 내다는 같은 뜻이다.

put out은 밖에 내놓다는 뜻인데 어떤 책이나 앨범을 세상 밖에 내놓는다는 것은 출판하다의 뜻이 된다.

She put the dog out.(그녀는 놓았다 그 개를 밖에)

개를 밖에 놓았다는 말은 개를 버렸다는 뜻이다.

☞불을 끄다

불을 바깥에 놓으라는 말은 그 불을 끄라는 말이다.

It took four hours to **put out** the fire.

(그것은 걸렸다 네 시간이 근데 그것은 끄는 것이다 불을)

☞놓다 바깥에

The cows were **put out** to pasture.

(그 소들은 놓여져 있었다 무엇에게 초지에)

Have you **put out** clean towels for the people?

(이미 놓았니 깨끗한 수건을 위하는 것은 그 사람들?)

☞출시하다

He **put out** an album in two years.

(그는 출시했다 앨범을 2년 만에)

put together

☞모으다(조립하다), 모아서 준비하다

Put together the model tank.(모아라 그 모델 탱크를)

모으다는 말은 조립하다의 말과 같다.

I'll put together a plan for you.

(난 준비할 것이다 어떤 계획을 그 계획에 적합한 것은 너)

"모아서" 란 말은 마음속으로만 생각한다.

put up

☞(우산을)쓰다

I put up my umbrella.

나는 우산을 펴 들었다.

☞올리다 위로

She put up her hands to ward him off.

(그녀는 들어 올렸다 두 손을 그 목적은 가까이 오지 못하게

하는 것이다 그를)

☞(텐트나 건물 등을)세우다

How about putting up this tent?(어떠니 설치하는 것 이 텐트를)

☞내붙이다, 게시하다

I helped her put up some shelves.

(나는 도왔다 그녀가 게시하는 것을 몇 개의 선반을)

put up with

☞참는 것은

I can put up with minor inconveniences.

(내가 참을 수 있는 것은 사소한 불편들이다)

put up with는 상대방이 나에게 어떤 불편함이나 괴로움을 줄 때
그것은 인내심 있게 받아들이는 것을 말한다.

rain or shine

☞날씨에 상관없이

He takes walk every morning, **rain or shine.**

(그는 산책 한다 매일 아침, 날씨에 상관없이)

raise a glass to

☞축배를 들다 위하는 것은

I'd like to **raise a glass to** my friend, Tom.

(내가 희망하는 것은 축배를 드는 것이다 위하는 것은 내 친구, 탐)

raise는 "들다" 이고 a glass는 물질명사 앞에 부정관사가

왔으므로 물질명사의 보통명사화가 되어 "잔" 이 된다.

to는 동작의 도착점이므로 목적이 된다.

잔을 드는데 그 목적이 탐이라는 뜻이다.

rather than

☞오히려 하지 않는 것은, 연관성이 떨어지는 것은

 He chose to study **rather than** watch the TV.

(그는 선택했다 할 일은 공부하는 것인데 오히려 하지 않는 것은

보는 것이다 TV를.)

Rather than waiting for her here, you had better call her.

(오히려 하지 않는 것은 기다리는 것이다 그녀를 여기에서,

너는 더 좋다 그녀에게 전화하는 것이)

Objects in paintings were flat and symbolic **rather than** real in

appearance.

(여러 개의 물체 그 물체가 들어있는 것은 그림들인데 그 물체들은

평평하면서도 상징적이다 연관성이 없는 것은 실제적인

것이다 형태에 있어서)

read over

☞꼼꼼히 읽다

I **read over** the recipe with my friend.

(나는 읽었다 그 조리법을 함께한 것은 내 친구)

over가 반복의 뜻이 있는데 읽을 때 반복해서 읽으면 꼼꼼히 읽게 된다.

be ready for A

☞준비되어있다 (준비되어 있는 것으로)적합한 것은 A

I **am ready for** being rich.

(나는 준비되어있다 적합한 것은 부자되는 것)

be ready to do

☞준비되어 있다 할 일은

I **am ready to** go to church.(나는 준비되어있다 할 일은 예배로)

go to church는 church앞에 관사가 없으므로 church는 추상명사가 되어 추상명사의 뜻인 "예배"가 된다.

refer to A

☞참고하는 것은

You must **refer to** the information.(너는 반드시 참고해야만 한다 그 정보를)

refer는 "~을 가리키다" 가 기본 개념이다.

자기의 눈으로 자기 스스로 무엇인가를 가리킨다면(본다면) 그것을 참고하는 것이 된다.

☞언급하다

 Refer to the matter again.(언급해라 그 문제를 다시)

문제를 가리킨다는 것은 그 문제를 언급한다는 뜻이다.

 I'll **refer to** this as "a hero" from now on for convenience.

(나는 언급할 것이다 이것을 한 영웅이라고 지금부터 편의상)

☞지칭하다

Figures in this note **refer to** money.(수치들 그 내부적인 위치는
이 노트인데 그 수치는 지칭한다 돈을)

수치가 무엇인가를 가리킨다면 그것은 "의미하다" 의 뜻이 된다.

reflect on

☞뒤돌아 보다(반성하다)

reflect가 "반사하다", "나타내다" 의 뜻이고 on은 "접촉하는 것
은" 의 뜻이므로 이 두 개의 뜻이 합해지면 "어떤 빛이 반사되어서
접촉하는 것은 "이 되는데 빛이 반사되어 어딘가에 닿으면 그 닿은
면적은 환하게 된다. 어두움이 빛에 의해서 밝아지면 결국은
반성하게 된다.

I should **reflect on** my past.

(내가 해야만 하는 것은 뒤돌아보는 것이다 나의 과거를)

refrain from

☞삼가는 것은

Please **refrain from** smoking here.

(부탁합니다 삼가 주세요 흡연을 이곳에서)

refrain동사가 "삼가다" 이고 from이 출처이므로 "삼가는 것은" 의
뜻이 나왔다.

regardless of A

☞상관없는 것은 A

They welcomed all new members **regardless of** age.

(그들은 환영했다 모든 새 회원들을 상관없었던 것은 나이)

remind A of B

☞생각나게 하다 A 에게 무엇을 B를

목적어를 나타낼 때는 목적격 of를 사용한다.

A **reminds** me **of** B.

A는 생각나게 한다 나에게 B를

be responsible for

☞책임지고 있는 것은, 담당하고 있는 것은

She **is responsible for** hiring and firing staff.

(그녀가 책임지고 있는 것은 고용과 해고다 직원을)

staff목적어가 반복될 경우 앞의 목적어를 생략할 수 있다.

비슷한 말:be in charge of~

result in

☞그 결과 ~이 되다

The extra calories **result in** fat.

(그 여분의 열량 그 결과 지방이 된다)

result in이 동사로 나오면 주어를 조건으로 번역하고 그 조건의 결과 "~이 된다"로 번역한다)

run across

☞우연히 만나는 것은, 달리다 가로질러서

달리기를 하는데 다리나 도로를 가로지를 경우에 만나는 사람은 약속해서 만나는 사람이 아니므로 우연히 만나는 것이다.

I **run across** my friend in the tunnel.

(내가 우연히 만난 것은 내 친구인데 그 내부적인 위치는 터널이다)

I **run across** one lane of traffic.

(난 달렸다 가로지르는 것은 한 개 라인의 차선이다)

of앞에 수학과 관련된 단어가 두 개 이상 오면 그냥 앞에서부터 번역한다.)

run an errand

☞심부름하다

I **ran an errand** to the clothing store.
(난 심부름 갔다 도착점은 옷가게에)

run for A

☞**출마할 것은 A**

He decided to **run for** president.
(그가 결심한 것은 출마하는 것이다 대통령에)

run into

☞**우연히 만나는 것은, 충돌하다**

달려가다(run)가 도착지점(into)에 도달하면 충돌하다의 뜻이 된다.

Let me know if you **run into** any problems.
(알려 주세요 만약 당신이 우연히 만나는 것이 어떤 문제들이든지)

The truck has **run into** some cars.
(그 트럭이 충돌했다 몇 대의 자동차들과)

run off

☞**복사하는 것은 , 도망가다**

I **ran off** five copies of the agenda?
(나는 복사했다 다섯 장을 관련있는 것은 안건)

Why did she **run off** like that?
(왜 했냐 그녀는 도망가는 것을 그처럼)

off가 "떨어져서" 의 뜻이고 run은 "달리다" 이므로 이 둘의
합성어는 "떨어져서 도망가다" 의 뜻이 된다.

run out of

☞**다 써버리다**

 I've **run out of** gas.(나는 이미 다 써버렸다 가스를)

run over

☞**(차로)치다, 넘치다(=overflow)**

Four children were **run over** and killed.

(네 명의 어린이들이 차로 치였다 그래서 죽임을 당했다)

When the well is full, it will **run over.**

(언제냐 하면 우물이 상태이다 가득찬, 그 우물은 될 것이다 넘치게)

see off

☞전송하다

I went there to **see off** a friend leaving for Korea.

(나는 갔다 거기에 그 목적은 전송하는 것이다 한 친구를 근데
그 친구는 떠날 것이다 그 방향은 한국으로)

☞물리치다

Most cats can **see off** rats.

(대부분의 쥐는 물리칠 수 있다 쥐들을)

see the light

☞이해하다, 받아들이다

I feel like I can **see the light.**

(나는 느껴 진다 매우 비슷하게 내가 할 수 있다 이해하는 것을)
어려움 속에 노력하다가 마침내 깨닫고 이해할 수 있는 경지에
오른 것을 see the light라고 한다.

seem like

☞아주 비슷하게 보이는 것은

You **seem like** you're pretty well.

(당신이 아주 비슷하게 보이는 것은 당신이 꽤나 건강한 것)
당신의 행동이나 말투등을 보았을 때 당신이 건강해보인다는 뜻이다

send for

☞요청하다

 Can you **send for** the book?

(할 수 있니 요청하는 것 책을)

set about

☞시작하다

After the pandemic, the people **set about** building their houses.

(이전에 있던 것은 대유행이고 그 후에 사람들은 시작했다 건축하는 것을 그들의 집들을)

set in

☞시작되다

The snow seemed to have **set in** for the day.

(그 눈이 보여졌다 이미 시작된 것처럼 그 기간은 그 날)

set out

☞착수하다

 The player **set out** to break the world record.

(그 선수는 착수했다 그 목적은 깨는 것이다 세계 기록을)

set out for

☞출발하다 향하는 곳은

 set out이 "착수하다" 또는 "출발하다"의 뜻이고 for는 "향하는 곳은"의 뜻이므로 "출발하다 향하는 곳은"의 뜻이 된다.

She **set out for** New York.(그녀는 출발했다 향하는 곳은 뉴욕)

set up

☞설치하다

He **set up** his computer in his office.

(그는 설치했다 그의 컴퓨터를 내부적인 위치는 그의 사무실)

shake hands

☞악수하다

I **shook hands,** saying good-by. (나는 악수했다 (동시에) 말하면서 "안녕"

show off

☞으스대다, 뽐내다

Nobody likes a **show-off.**

(어떤 사람도 좋아하지 않는다 뽐내는 사람을)

추상명사 앞에 부정관사 a/an을 붙이면 사람이나 사물을 나타낸다.

show up

☞나타나다

show는 "보이다" 는 뜻이고 up은 보이지 않던 것이 나타나는 것을 말한다. 이 둘의 뜻이 합해져서 "나타나다" 가 된다.

She didn't **show up** last night.

(그녀는 나타나지 않았다 지난 밤)

sign up

☞가입하다

Sign up now, It's free. (가입하세요 지금, 그것은 공짜입니다)

so as to do

☞그 결과, 그 목적은

We went early **so as to** get good seats.

(우리는 갔다 일찍 그 결과 잡았다 좋은 좌석들을)

(우리는 갔다 일찍 그 목적은 잡기위한 것이다 좋은 좌석들을)

목적과 결과는 동전의 양면이기 때문에 목적으로 번역하는 것은 결과로도 번역할 수 있다.

sort through

☞자세히 살펴보다

I **sorted through** my things to pick out stuff for

my garage sale.

(나는 자세히 살펴보았다 나의 물건들을 그 목적은 골라내는 것이다
물건을 이 물건에 적합한 것은 나의 창고(중고품) 세일)

speak for itself

☞자명하다

"말하다 위하는 것은 그 자신" 이란 뜻으로 그 단어 자체만큼
  명백하다는 뜻이다.

Our innocence **speaks for itself.**

(우리의 무죄는 자명하다)

speaking of which

☞얘기가 나왔으니 말인데

stand for

☞ 나타내는 것은

The ROK **stands for** the Republic Of Korea.(ROK가 나타내는
것은 the Republic Of Korea)

stand for가 "찬성하다" 의 뜻으로 사용될 수 있다. 이 경우
stand는 "일어서다" 의 뜻이고 for는 "그 목적은" 으로 번역된다.
 어떤 목적을 위해서 일어서면 그 것에 찬성한다는 뜻이다.

sound like

☞들린다 비슷하게

It **sounds like** fun.(그것은 들린다 비슷하게 재미있는 것으로)

stay up

☞깨어있다

Don't **stay up** all night playing a computer game.

(깨어있지 마라 밤새도록 동시 상황은 노는 것이다 컴퓨터 게임을)

stem from

☞유래되다 그 출처는

Many diseases **stem from** contaminated water.

(많은 질병은 유래되었다 그 출처는 오염된 물)

step over

☞넘어서는 것은

The player **stepped over** the huddle.

(그 운동선수가 넘어선 것은 그 허들이다)

over는 포물선을 그리면서 어떤 장애물을 넘는 이미지다.

허들을 넘어서는 그림이다.

so far

☞지금까지는

She is good **so far**.(그년은 상태이다 지금까지는)

so to speak=as it were

☞말하자면

She is, **so to speak,** a walking computer.

(그녀는 존재한다, 말하자면, 걸어다니는 컴퓨터)

speaking of which

☞말이 나온 김에 말인데

Speaking of which, what is your blood type?

(말이 나온 김에 말인데, 무엇이냐 너의 혈액형은?)

step by step

☞한 걸음씩 한 걸음씩

stick up for

☞편들어주다

stick이 "붙이다" 이고 up은 "최선을 다해서 끝까지" 란 뜻이다.

누군가가 비난받을 때 편들어 준다는 뜻이다. 누군가 비난받을 때 그를 편들어 주는 지지문등을 붙이는 것으로 이해한다.

stumble on

☞우연히 발견하는 것은

If you **stumble on** mercy, you get grace.

(만약 당신이 우연히 발견하는 것이 자비라면, 당신은 얻은 것이다 은혜를)

be subject to

☞종속되어 있는 것은

Gold **is subject to** further decline.

(금이 종속되어 있는 것은 추가적인 하락이다)

subject에서 sub가 "아래" 이고 ject가 "던지다" 의 뜻인데 이 둘을 합하면 "아래에 던지다" 의 뜻이 되는데 이렇게 아래에 던져지면 종속적이 된다.

"금이 아래 부분에 놓여져 있다 추가적인 하락에" 란 뜻이므로 금이 추가적인 하락에 종속적이다는 뜻이 된다.

This world is subject to sudden shocks.

(이 세상이 종속되어 있는 것은 갑작스런 충격이다)

subscribe to

☞구독하는 것은

I want you to **subscribe to** my channel.

(내가 원하는 것은 네가 구독하는 것이다 나의 채널을)

such 명사 that 주어+동사

☞너무 명사해서 그 결과 ~하다

The quality is such a degree that I can't evaluate it.

(그 품질이 너무 (그 정도가) 대단해서 그 결과 나는 평가할 수 없다 그 품질을)

영어의 명사는 동사의 뜻도 들어 있음을 이해해야 한다.

such a 형용사 명사 that

☞**너무 형용사한 명사여서 그 결과 ~하다**

The quality is such a good degree that I can't evaluate it.

(그 품질이 너무 훌륭한 정도에서 그 결과 나는 평가할 수 없다
그 품질을)

such as

☞**그런 예를 들면**

Read a book **such as** Hongkildong.

(읽어라 책을 그런 예를 들면 홍길동)

subscribe to~

☞**정기구독 하는 것은**

We **subscribe to** several sports channels.

(우리가 정기구독 하는 것은 몇 개의 스포츠 채널이다)

be supposed to do

☞**원래 예정하고 있는 것은**

I'm **supposed to** work with my father tomorrow.

(내가 원래 예정하고 있는 것은 일하는 것이다 함께하는 것은
아버지고 내일) 아버지와 함께 일하자고 약속했는데 그 약속을
지킬 수도 있고 안 지킬 수도 있다.

I'm not supposed to tell you this.

(내가 원래 예정하고 있지 않은 것은 말하는 것이다 너에게 이것을)
근데 그런 약속이나 의무가 있기 때문에 말하면 안 된다. 하지만
상황에 따라서는 말할 수도 있다. 즉, 의무나 약속은 아무래도
깰 수도 있기 때문이다.

I **was supposed to** protect him.

(내가 원래 예정하고 있는 것은 보호하는 것이었어 그를)

(comparison)be going to do와의 비교

I'm going to work with my father tomorrow.

(내가 해야 할 것은 일하는 것이다 함께하는 대상은 아버지고 내일)

be going to do는 일어날 확률이 99%를 말한다. 99%예정되어있다.

약속이나 의무가 있는 것은 아니고 그냥 주어가 하려는 것이다.

I was going to work with my father yesterday.

아버지와 어제 일하기로 했는데 천재지변 때문에 어쩔 수 없이
못했다.

I was supposed to work with my father yesterday.

아버지와 어제 일하기로 했는데 내가 약속을 깨는 바람에 또는
내가 의무를 어기는 바람에 일을 못했다는 뜻이다.

☞일반적으로 추측된다 to do일 것으로

주어가 사물일 경우 "일반적으로 추측된다 to do하는 것으로"
번역된다.

This is supposed to be really good stuff.

(이것은 추측된다 정말로 좋은 물건(일)일 것으로)

be surprised at

☞놀란 상태이다 그 정확한 자극은

She **is surprised at** the news.

(그녀는 상태이다 놀란 정확한 자극은 그 뉴스다)

여러 외부 자극 중 뉴스라는 자극에 놀란 것이다)

우주 법칙에는 작용과 반작용이라는 법칙이 있다.

이 작용과 반작용 법칙은 전치사 전반에 걸쳐서 적용된다.

외부 뉴스라는 작용에 반작용으로 놀란 것이다.

surprised는 능동자동사로서 마음의 상태를 나타낸다. 스스로 놀란 것이므로 수동태가 아니다. 따라서 수동태를 나타내는 by를 쓰면 안 된다.

take after

☞닮은 것은=resemble

Your daughter doesn't **take after** you at all.

(당신의 딸은 닮지 않다 너를 전혀)

sweat the small stuff

☞신경 쓰다 사소한 것에

sweat는 "땀을 흘리다 " 이고 the small stuff는 부사로서 "사소한 것에" 가 된다. 땀을 흘리는데 사소한 것에 흘린다는 말로서 사소한 것에 신경쓰는 것을 말한다.

Don't **sweat the small stuff**.

(신경 쓰지 마라 사소한 것에)

take a measure

☞취하다 조처를

We need to **take a drastic measure**. (세계일보 당근영어)

(우리가 필요로 하는 것은 취하는 것이다 단호한 조처를)

take a measure of

☞치수를 재는 것은

 She wanted to **take a measure of** my height.

(그녀는 원했다 할 것은 치수를 재는 것은 나의 키)

take A around B

☞가져가다 A를 주위에, 가운데 있는 것은 B

I am going to **take** you **around** to the restaurant.

(내가 하려고 하는 것은 가져가는 것이다 너를 주위로

그 주위가 속한 곳은 그 식당)

to는 "소속"을 말하는데 주위가 식당에 소속되어 있다는 뜻이다.

take care

☞가져라 관심을 =몸 조심해

take into account

☞고려하다

They **take into account** teaching, research.

(그들은 고려하고 있다 가르치는 것, 연구)

이 문장은 원래

They take teaching, research into account.에서

목적어 teaching, research가 길어서 독해할 때 오해할 까봐

into앞으로 도치한 것이다. 따라서 take into account를 하나의

타동사로 외우는 것이 좋다.

원래 번역은 "그들은 (마음 속으로) 가져갔다 가르치는 것과

연구를 들어가서 만나는 것을 고려 "

take it easy

☞진정해라

take it for granted that 주어+동사

☞가져가다 그것이 당연하다고, 당연히 여기는 것은 that절이다

Many people **take it for granted**.

(많은 사람들은 가져 간다 그것이 당연하다고)

I **take it for granted** that they should obey orders.

(내가 당연히 여기는 것은 그들이 당연히 복종해야 한다 질서들을)

take on

☞떠맡다, 맞붙다

Take on me.(떠맡다 나를)

take가 "가지고 가서 손에 잡고 있다는 뜻"이고 on은 접촉을
나타낸다. 나를 가지고 가서 당신에게 접촉해 달라는 것은
나를 떠맡아달라는 뜻이다.

Tonight Korea **takes on** China.(오늘 밤 한국과 맞붙는다 중국과)
중국을 가져다가 한국에 접촉한다는 것은 맞붙는다는 뜻이다.
붙어있으면 전쟁하게 된다.

take one's time

☞**천천히 하다**

가지긴 가지는데 자신의 시간을 가지는 것으로 번역되므로 천천히
하다는 의역이 된다.

Take your time to get your goal.
(천천히 해라 목적하는 바는 얻는 것이 너의 목표를)

take out

☞**꺼내다, 가져가다 밖으로**

take는 가져가서 손에 잡고 있는 뉘앙스다.
밖으로 꺼내 가져가서 손에 잡고 있는 뉘앙스다.

Do not **take out** this items.(꺼내지 마라 이 항목들을)
Take out the trash.(가져가다 밖으로 이 쓰레기들을)

take over

☞**인계받는 것은**

I plan to ask him to **take over** my work during my stay in
Paris.
(난 계획하고 있다 할 일은 부탁하는 것이다 그가 인계 받도록
내 일을 그 계속되는 기간은 내가 머무는 것이다 그 내부적인
위치는 파리)

take part in

☞참석하는 곳은 =participate in

He wanted to **take part in** the deal.

(그는 원했다 그것은 참석하는 곳은 그 거래다)

take place

☞일어나다

The voting will **take place** on July 5.

(그 투표는 일어날 것이다 시간이 접촉하는 때는 7월 5일)

take place는 예정된 일들이 일어나는 것을 말한다.

take time off

☞휴가를 내다

I want to **take time off** work.

(난 원한다 할 일은 시간 이 시간은 떨어져 있다 일로부터)

He need to **take time off.**

(그가 필요로 하는 것은 휴가를 내는 것이다)

take up

☞차지하다 , 시작하다

How much space this disk will it **take up?**

(얼마나 많은 공간을 이 디스크가 차지할 것인가?)

I recommended her to **take up** a hobby.

(나는 추천했다 그녀가 할 일은 시작하는 것이다 어떤 취미를)

tap into

☞이용하는 것은

I can **tap into** your potential.

(난 할 수 있다 이용하는 것을 너의 잠재력을)

수도꼭지가 tap인데 이 tap을 살짝 돌리면 물이 나오므로 가볍게

탁탁 치는 느낌이 있고 into는 "안으로 들어가서 접촉하는 것(연결하

는 것)"의 뜻이 있으므로 이 둘을 합치면 잠재적인 능력을 이용한다는 뜻이 된다.

tear down

☞무너뜨리는 것은

tear의 뜻이 "찢다"인데 찢어서 아래로 내리므로 "무너뜨리다"란 뜻이 나오게 된다.

She will **tear down** her old house.

(그녀가 무너뜨릴 것이다 그녀의 낡은 집을)

thanks to

☞원인인 것은

누구의 덕분이 원인이라는 뜻이다.

It was all a great success—**thanks to** a lot of hard work.

(그것은 완전히 너무나 대단한 성공이다-원인은 많은 힘든 일)

all은 형용사인 부정관사 앞에 왔으므로 부사가 된다.

there is no~ing

☞거기에는 어떠한 것도 없다 그것은

There is no telling you the truth.(거기에는 어떠한 것도 없다 그것은 말해주는 것이다 너에게 그 진실을)

there you go

☞자 여기

There you go. Don't spend it all at once.

(자 여기, 쓰지 마라 그것을 한꺼번에)

these days

☞요즘에

the day after tomorrow

☞모레에

the day before yesterday

☞그저께

thrive on

☞번성하다 토대는 ~

The tree do not **thrive on** this soil.

(이 나무는 번성하지 않는다 토대는 이 토양)

I can thrive on this stress.(나는 번성할 수 있다 토대는
이 스트레스)

on은 접촉해서 위에 있는 것으로 아래에 있는 것을 토대로
있을 수도 있지만 경우에 따라서는 아래에 있는 것을 짓밟고
서 있을 수도 있다. 스트레스를 짓밟고 위에 있다는 것은
스트레스를 이겨내면서 잘 번성한다는 뜻이다.

thumb through

☞휙휙 넘겨보다

Be free to **thumb through** the book you like.

(자유롭게 휙휙 넘겨 보아라 그 책을 근데 그 책을 네가 좋아한다)

to be honest

☞정직하게 말하면

To be honest, I like English.

(정직하게 말하면 나는 좋아 한다 영어를)

to the end that 주어+동사

☞그 결과

This book is too difficult **to the end that** I can't understand.

(이 책은 지나치게 까다로워서 그 결과 내가 이해할 수 없다)

to는 "결과" 를 뜻한다.

too ~to...

☞지나치게 너무 ~하다 to do하기에

It is **too** hot **to** walk (날씨가 지나치게 너무 덥다 걷기에)

too는 부정적인 뜻으로 사용되는 어감이다.

too~to...너무~해서...할 수 없다는 원문에서 벗어난 잘못된 번역이다

toss and turn

☞(잠을 못자고) 뒤척이다

I would **toss and turn** all night when young.

(나는 뒤척이곤 했다 밤새도록 언제나 하면 어릴 때)

would는 불규칙적 습관

turn in

☞제출하다

You must **turn in** your passport when you leave the gate the airport.

(여러분은 제출해야만 한다 너의 여권을 언제나하면 여러분들이 떠날 때이다 그 게이트를 그 게이트가 속한 곳은 공항)

to some degree

☞어느 정도까지는

I have finished my homework **to some degree**.

(난 앞서서 끝냈다 나의 숙제를 어느 정도까지는)

turn A into B

☞A를 B로 바뀌다

 She **turned** a culture **into** a business.

(그녀는 뒤집었다 어떤 문화를 그 결과 사업)

into는 동작의 진행과 결과를 나타내는 반면에 to는 단순히 동사의 결과만을 나타낸다.

뒤집어서 그 결과 사업이 되었다는 말은 어떤 문화를 사업으로 바꿨다는 뜻이다.

turn down

☞거절하는 것은

Why did you **turn down** the invitation?

(왜 했니 거절하는 것 그 초대를)

turn은 "회전시키다" 이고 down은 아래로인데 어떤 물체를 회전시켜서 아래로 떨어뜨리면 거절하는 뜻이 된다. 굉장히 신경질적으로 거절했음을 알 수 있다.

turn in

☞제출하다

Turn in your homework.(제출해라 너의 학교숙제를)

turn off

☞끄다

스위치를 회전시켜서 접촉에서 떨어지게 하다.

Turn off the light.(꺼라 그 전등을)

turn on

☞켜다

스위치를 회전해서 접촉하게 되면 불이 켜진다.

Turn on the light.(켜라 그 전등을)

turn out

☞밝혀지는 것은 , 끄다

The rumors **turned out** to be true.

(그 소문들이 밝혀졌다 사실로) 여기서 to는 결과를 나타낸다.

Why don't you **turn out** the light/

(왜 하지 않니 끄는 것 그 전등을)

turn to

☞의지하는 것은

Don't **turn to** prescriptions.(의지하지 마라 처방전에)

upside down

☞거꾸로

Don't hang **upside down.**(매달리지 말아라 거꾸로)

be used up

☞사용되어졌다 할 수 있는 끝까지

Water will **be used up** before long.

(물이 사용될 것이다 할 수 있는 끝까지 곧)

be used to~ing

☞익숙해져 있는 것은

They are not used to seeing a clown in a car.

(그들이 익숙해져 있지 않는 것은 보는 것이다 어떤 광대를

그 광대의 내부적인 위치는 한 차)

(주의)독해에서 be used to가 나오면 무조건 적으로 과거의 규칙적

습관으로 알고 독해하면 틀릴 수가 있다. be used to의 번역이

"익숙해져 있는 것은" 으로 번역이 안 되면 이 문장의 be used는

수동태이므로 "사용되다(be used)" 로 번역해야 한다.

The dog is used to great advantage.

(그 개는 사용된다 그 정도가 대단한 장점으로)

여기서 is used to을 "익숙한 것은" 으로 번역하면 어법 상 맞지

않으므로 빨리 수동태로 번역해야 한다.

vice versa

☞거꾸로

I love him, and **vice versa.**

(난 사랑한다 그를, 거꾸로 그도 날 사랑한다)

wait for A

☞기다리는 것은 A다

Who are you **waiting for**?(누구를 너는 기다리고 있니?)

What's the matter with you?

☞무엇이 문제인가 관련된 것은 너다

wash over

☞휩쓸고 지나가는 것은, 밀려오다~에게

The generosity **washes over** me.

(그 자비로움이 휩쓸고 지나가는 것은 나이다)

wash는 "휩쓸다" 이고 over는 "위에 있고 밑에 있는 것은" 의 뜻이므로 "휩쓸고 지나가다" 의 뜻이 된다.

Let delight **wash over** you.

(허락하라 기쁨이 밀려오도록 너에게)

wait on

☞시중들다

Jane will **wait on** Tom.(제인이 시중들거야 탐을)

wait는 "기다리다" 의 뜻이고 on은 접촉해서 붙어 있는 것을 말하는데 어떤 사람 옆에 붙어서 기다리고 있는 것은 시중들기 위함이다.

what about

☞제안하는 것은

what about은 구체적인 내용으로 답해야 한다.

의문사 what자체에 내용이 들어가 있다.

What about dinner at my house.(제안하는 것은 저녁인데 그 정확한 위치는 나의 집)

What about으로 물어보면 대답은 구체적인 내용을 해야 한다.

즉, 몇 시에 갈까요?라는 대답이 나와야 한다.

what about과 how about은 둘 다 제안할 수 있지만
what about은 구체적인 내용으로 대답해야 하고 how about은
yes나 no로 대답해야 한다.

☞어떡해야 하지

Let's go on a picnic. **What about** our dog.
(자, 소풍가자. 어떡해야 하지 우리의 개는)

when it comes to A

☞특정 화제가 A라면

A는 동명사 또는 명사가 와야 한다.

When it comes to cooking, I'm not good.
(특정 화제가 요리라면, 나는 아니다 좋은 상태가)

with respect to

☞관련된 것은

With respect to English education, I have something to tell
you.
(관련된 것이 영어 교육이라면, 나는 가지고 있다 어떤 것을
그것을 말할 것이다 너에게)

respect는 "관점" 이나, "면" 을 말한다.

be willing to do

☞기꺼이 ~하다

She **is willing to** accept me as a tenant.
(그녀는 기꺼이 받아줄 것이다 나를 무엇으로서 세입자로)

be worth 명사

☞가치가 있는데 그 가치는 (사람들이)~ ing 하는 것이다
This idea **is worth considering.**(이 아이디어는 가치가 있는데

그 가치는 (사람들이) 고려할만한 것이다)

worth는 동명사 ~ing가 와야 한다. 동명사도 명사이다.

It's **not worth fighting** about.

(그것은 가치가 없다 그 가치 없는 것은 싸움하는 것이다)

이 문장에서 about의 목적어가 없다. 이 about목적어는 주어의 It이다.

만약, 문장의 주어가 worth ~ing의 ~ing의 목적어가 되지 않으면 이 문장은 틀린 문장이 된다.

This idea **is worth considering.**에서 This idea가 considering의 목적어가 되지 못하면 틀린 문장이 된다.

considering this idea(O) 여기서는 this idea가 considering의 목적어로 올 수 있으므로 맞는 문장 된다.

It's not worth fighting about.에서 about의 목적어로 it 이 올 수 있으므로 맞는 문장이 된다. fighting about it(O) 이 문장에서 about이 없으면 틀린 문장이 된다. fighting it(X) 논리상 맞지 않아서 틀린 문장이 된다.

fighting about it(싸운다 자세히 관련된 것은 그것이다)

be worthy of

☞**가치가 있는데 관련 있는 것은 ~**

worthy는 목적어를 필요로 하는 형용사인데 목적어를 쓰려면 of를 써야 한다.

This idea **is worthy of** considering.

(이 아이디어는 가치가 있는데 관련 있는 것은 고려하는 것이다) considering의 목적어는 this idea이다.

This idea **is worthy of** considering idea.(X) 주어가 목적으로 쓰이면 생략해야 한다.

with regard to

☞관련 있는 것은

Korean policy **with regard to** Cuba.(한국 정책 관련 있는 것은 쿠바)

공식적이나 형식적인 상황에서 관련 있는 것은으로 사용된다.

without reference to A

☞관계없는 것은 A

All other biological age changes **without reference to** the passage of time.(모든 다른 생물학적 나이는 변한다 관계없는 것은 흐름 관련 있는 것은 시간)

work out

☞운동하다, 알아내다, 해결하다, 잘되다

운동하면 불필요한 지방이 빠지면서 좋은 몸매가 드러나게 된다. 좋은 몸매가 드러난다는 것이 좋은 몸매가 알아진다는 것이고 운동을 하면 각종 질병이 사라지므로 골치 아픈 문제가 해결되는데 이것을 우리는 잘되었다고 한다.

I **work out** everyday.(나는 운동 한다 매일)

You can't **work out** the meaning. (넌 알아낼 수 없다 그 의미를)

Everything's going to **work out**.

(모든 것들이 되어 질것이다 해결되도록)

I'm sorry that the interview didn't **work out**.

(내가 유감이다 그 인터뷰가 안 되었다 잘되지

한글처럼 이해되는 영어 숙어

초판 1쇄 발행 2024년 1월 18일
지은이_ 박성진
메일_ unifiedkoreapresident@gmail.com

펴낸이_ 김동명
펴낸곳_ 도서출판 창조와 지식
디자인_ 박성진
인쇄처_ (주)북모아

출판등록번호_ 제2018-000027호
주소_ 서울특별시 강북구 덕릉로 144
전화_ 1644-1814
팩스_ 02-2275-8577
ISBN 979-11-6003-690-9 (53740)
정가 18,000원